The Invisible star of BAZI

팔자허자론

八 字 虛 字 論

이수

장서원
도서출판

Prologue

'虛字論'은 오랜 기간 命理 분야에서 도외시되었다. 한 마디로 法手가 얕은 人士들이 도처에 깔렸기 때문이다. 간단히 말해 運氣를 모르고 命理를 알 수 없다. 近世 命理의 大家들은 溫故에 치밀하지 못했다. 徐樂五 또한 溫故知新을 누차 말했지만 스스로 月令用神을 扶抑用神으로 비약하는 過를 범했다. 그러나 命理家로는 드물게 수려한 문장으로 後學들에게 적지 않은 가르침을 주었으니 어찌 스승의 禮遇를 저버릴 수 있겠는가. 생전에 두 가지를 難解하다 숨김없이 말한 바 있는데 그것은 刑沖會合과 生旺死絶이었다. 韓國에서 태어나 이 좋은 學文을 접하게 된 것이나마 幸運으로 여기는 不敏한 자, 필자로서는 先學의 경지에 근접하기조차 버거운 일이나 어쨌든 그것들을 극복하고자 힘썼다. 運이 좋게도 두 가지 문제의 해결 실마리를 찾아 이를 公開하기를 마다하지 않았다. 옛것을 좋아하다 보면 절로 答이 나온다. 게다가 創作의 계기가 되는 기발한 착상이나 자극을 덤으로 얻는다. 근자에 이 '이수'를 두고 이 분야에 선천적으로 타고난 재주가 있는 것으로 여기는 인사들을 더러 보고 접했다. 맞지 않는 얘기다.

따져보면 그동안 著述한 모든 命書는 스스로 創造한 것이 아니고 오직 '述而不作, 不偏不黨'의 입장에서 古人들이 남긴 글을 반복해서 읽어보고 정리한 결과물에 지나지 않는다. '八字虛字論'도 마찬가지의 스탠스를 견지하며 기록해 본 것이다.

독자들.

命理는 가볍게 취할 바가 못 된다. 그러나 처음부터 무겁게 접근할 필요는 전혀 없다. 즐겁게 들어섰다가 일정한 속도가 붙기 시작하면 沒入하는 행복감에 젖어 보길 바란다.

다시 이제부터, 工夫는 늘 시작이다. 이상이다.

戊子 立春 盆堂 寓居, 李修

차례

Intro [虛字基本]

1. 八字의 實字는 衰旺, 虛神은 休旺의 기틀로 效用과 得失을 판단한다.

虛神은 크게 合虛와 自虛로 구분할 수 있다. 일반적으로 地支의 暗沖이나 暗合으로 合來하는 虛字를 合虛로 본다. 이때는 合誘하는 實字의 氣勢가 得旺(衰旺의 旺)해야 한다. 이를테면 子月의 子水가 合來하는 午火, 丑土의 效用이 크다는 뜻이다. 반면 拱夾의 虛神이나 會局의 引合, 合化 五行, 納音 五行 등은 자체로 五氣를 띠어 自虛라 한다. 이것은 먼저 계절로 旺相期(休旺의 旺)에 속해야 의미를 살릴 수 있다.

2. 八字에 財官이 없고 虛神으로 財官을 성립하면 虛字를 用神으로 삼아 取格한다.

命中 財官이 나타나면 이미 財官이 塡實된 것으로 虛神의 財官을 用하여 外格으로 구분할 필요가 없다.

虛字를 用하여 格을 삼을 때는 虛神이 더할 나위 없이 貴한 성분이지만, 格을 이루지 못한다고 해서 虛神의 效用을 쉽게 폐기해선 곤란하다. 예컨대 甲日이 己土를 보고 丑土를 引合하면 이미 財神이 塡實되어 外格으로 취하지는 못하나, 丑土의 가치가 퇴색되는 법은 없다. 이것은 貴人으로 작용할 뿐만 아니라 財庫로 財神을 飛合, 飛出하는 지극히 유용한 역할을 수반한다. 즉 格의 內外를 막론하고, 虛神은 긴밀히 살펴야 하는 것이다.

그러므로 財官의 塡實은 合虛에서 엄격하게 적용되는 것이지, 自合에서는 적용하는 법이 다르다는 점에 유의해야 한다. 보통 待對의 倒沖 상황에서 塡實을 가장 꺼린다. 暗沖暗合의 合虛는 地支의 해당 글자나 天干의 해당 五行으로 塡實될 때 존재 가치를 잃게 되지만, 自虛는 오히려 天干에 化神이 塡實되어야 더욱 有用해진다는 사실을 유념해야 한다.

3. 半合이 유도하는 引合의 虛字는 자연 旺氣를 띠어 有用하다.

三合이나 方合은 二字가 나머지 一字를 引合한다.

그러나 命中 方合의 두 글자가 나머지 一字를 引合하는 법은 없다. 拱夾에서는 方合의 양쪽 글자가 가운데 글자를 자연 夾하지만, 三合은 天干의 誘因力이 있어야 夾을 성립시킬 수 있다. 이렇게 天干의 實字, 化神이 虛神을 더욱 有用하게 하고, 有力해진 虛神은 會局의 旺氣를 띠어 出干한 十神에 재차 영향을 미친다. 이러한 상황을 虛實互換이라 일컫는다.

4. 藏干 暗神은 相合으로 飛出되는 상황에서 效用이 극대화된다.

八字에 보이지 않는 글자로는 地藏干을 빼놓을 수 없다. 이것은 自虛와 같은 것이다. 實字나 虛字를 막론하고, 藏干物을 用하려면 天干에 化神이 드러나거나 相合하는 구조에서 寶物과 같은 작용을 한다. 古人들은 虛字에서 四庫의 글자와 巳火를 특히 비중 있게 다루었다. 이상은 모두 八字의 글자들이 相合하는 유형에서 藏干物을 飛出하여 쓰는 妙用을 드러낸다. 다시 말해 飛出이란 沖出 전의 效用으로 볼 수 있다.

5. 八字의 實字는 平面에 놓이지만 虛字는 空間에서 작동한다.

虛實의 근본적인 차이는 作動하는 次元이 다르다는 점에 있다. 까닭에 일반적 動力先後의 法則에 얽매일 필요가 없다. 예컨대 實字는 合絆으로 動力이 상실되지만, 虛字는 八字의 각 글자에 동시적인 작용력을 미친다. 이것은 매우 신속하게 작동하지만, 表徵은 대개 元亨利貞으로 나타난다. 또한 虛神을 성립시킬 때는 影響遙繫에 구애됨이 없다.

결론하자면 實字와 虛字, 無力한 虛神과 實體로 변형된 虛字를 구분할 줄 알아야 한다. 虛字가 實字로 변모하면 實字와의 沖出, 沖起 현상까지 짚어 삶의 變化를 설명할 수 있다. 만일 虛貴를 품고 解體되는 일이 없다면 종신토록 貴氣를 잃지 않을 것이다. 虛神을 자세히 살피면 命理 思惟의 폭을 한층 넓힐뿐더러 實狀에 보다 부합되는 推命의 細技를 다듬어 나갈 수 있다.

Textual - 1 [虛字用神; 外格]

1.

八字에서 '보이지 않는 글자와 五行' 일체를 虛神, 暗神이라 한다.

이중 藏干의 글자를 제외한 나머지를 따로 虛字로 논하기도 한다.

命理에서 暗神을 부정하는 인사들은 한마디로 法手가 낮은 것이다.

原理를 모르고 運氣를 알지 못하는 까닭이다.

2.

術界 현장에서는 더러 虛字를 取用하는 이들을 발견할 수 있다.

살펴보면 대개 한결같이 原則에 어긋난다.

理氣衰旺의 眞機를 모른다면 무분별한 暗神 놀음에 지나지 않을 것이다.

※ '八字來情(BaZi Reading in an instant)' 참조

오행五行의 왕상휴수사旺相休囚死는 사시四時에 배속된 각 오행五行의 기운 성쇠를 파악하는 잣대로 활용할 수 있는데, 아직도 계절과 비교한 일간日干 강약强弱을 측정하는 방법으로 이를 활용하는 개념으로 받아들이는 학습자들이 많은 것 같습니다. 앞에서 이미 강약强弱과 왕쇠旺衰는 그 의미가 다르다고 강조했습니다. 오행五行의 왕상휴수사旺相休囚死는 다음과 같습니다.

휴 왕 / 계절	旺	相	休	囚	死
春	木旺	火相	水休	金囚	土死
夏	火旺	土相	木休	水囚	金死
秋	金旺	水相	土休	火囚	木死
冬	水旺	木相	金休	土囚	火死

아무튼 팔자八字에서 십성十星의 길흉을 가릴 때는 각 성분의 왕쇠旺衰가 판단 기준이 된다고 했는데, 종래에는 대략 왕상기旺相期와 휴수기休囚期로 나누어

길흉휴구吉凶休咎의 대강을 짐작하는 관법이 우세했습니다. 예를 들어 다음과 같은 팔자八字에서,

時	日	月	年
甲	庚		
申		子	

시간時干의 甲木 편재偏財와 연지年支의 卯木 정재正財는 다 같이 길신吉神으로 자월子月 왕상기旺相期에 속하여 이 사람은 일단 부자로 보게 되고, 칠살七殺 申金의 흉신凶神은 휴수기休囚期에 속해 흉화凶禍의 의미가 덜 나타난다고 보는 것입니다.

즉 재관인식財官印食의 사길신四吉神은 왕상기旺相期에 해당될 때 복록福祿이 두터운 것이고, 휴수기休囚期일 때는 기대에 미치지 못하거나 한시적인 복록福祿으로 그치고 마는 것입니다. 사길신四吉神과 달리 살상겁효殺傷劫梟의 사흉신四凶神은 왕상기旺相期에 해당될 때 필시 환란患亂을 겪게 되는 것이고, 휴수기休囚期일 때는 그 흉의凶意를 한층 덜게 됩니다.

그런데 팔자술八字術 실제에서는 子月 庚金이 甲木

을 본다고 해서 부富가 보증된다는 법이 없습니다. 이보다는 亥月일때 현상에서 한결 두터운 부富를 실감하게 될 것입니다. 이때 子月이나 亥月은 모두 마찬가지로 목재木財의 왕상기旺相期에 속하는데 현상에서 다소 다른 의미를 부여하는 까닭이 어디에서 연유하는지 궁금할 것입니다.

時	日	月	年
甲	庚		
申		亥	

子月과 亥月이 冬月로 같으면서 다른 점은 亥月에 甲木이 통근通根하는 상황에서 찾을 수 있습니다. 즉 子月에는 甲木이 실시失時하지 않고 득시得時한 것에 그치지만, 亥月에는 甲木이 월지月支의 계절季節과 월령月令의 기세氣勢를 모두 얻은 것으로 이기理氣 양면에서 충족된 상황이라 의미가 다른 것입니다. 따라서 팔자술八字術 실전實戰에서 십성十星을 휴왕休旺의 잣대로만 살피게 되면 놓치는 부분이 적지 않고 결국 적중률에 흠집을 내는 결과로 나타나기 쉽습니다.

결론적으로 오행五行의 성쇠盛衰는 이기理氣 양면에서 잘 조화되고 균형을 이룬 시각에서 바로 잡을 필요가 있습니다. 팔자술八字術 실제에서 정확하게 통하는 왕쇠衰表 판정의 기준이 필요합니다. 아래의 오행왕쇠표五行旺衰表는 문하門下들과 학습자들이 '왕쇠旺衰·강약强弱'의 적용법에서 오랜 기간 겪어온 혼동混同을 바로 잡기 위해 근자에 도해圖解된 그림입니다.

<table>
<tr><th>月
行</th><th>寅
月</th><th>卯
月</th><th>辰
月</th><th>巳
月</th><th>午
月</th><th>未
月</th><th>申
月</th><th>酉
月</th><th>戌
月</th><th>亥
月</th><th>子
月</th><th>丑
月</th></tr>
<tr><td>木</td><td colspan="2">旺</td><td>强
衰</td><td colspan="2">休</td><td>强
墓</td><td colspan="3">死</td><td>旺</td><td colspan="2">相</td></tr>
<tr><td>火</td><td>旺</td><td colspan="2">相</td><td colspan="2">旺</td><td>强
衰</td><td colspan="2">囚</td><td>强
墓</td><td colspan="3">死</td></tr>
<tr><td>土</td><td>旺</td><td>死</td><td>旺</td><td colspan="3">旺</td><td colspan="2">休</td><td>旺
墓</td><td colspan="2">囚</td><td>旺</td></tr>
<tr><td>金</td><td colspan="3">囚</td><td>旺</td><td colspan="2">死</td><td colspan="3">旺</td><td colspan="2">休</td><td>旺
墓</td></tr>
<tr><td>水</td><td colspan="2">休</td><td>强
墓</td><td colspan="3">囚</td><td>旺</td><td colspan="2">相</td><td colspan="2">旺</td><td>强
衰</td></tr>
</table>

결국 십성법十星法이나 공망법空亡法에서 핵심이 되는 사안은 각 십성十星의 왕쇠旺衰 여부를 가리는데

달렸으므로 따로 '왕기旺氣'에 주목하여 오행五行과 계절 관계를 살피면 다음과 같이 정리됩니다.

<table>
<tr><th>月
行</th><th>寅
月</th><th>卯
月</th><th>辰
月</th><th>巳
月</th><th>午
月</th><th>未
月</th><th>申
月</th><th>酉
月</th><th>戌
月</th><th>亥
月</th><th>子
月</th><th>丑
月</th></tr>
<tr><td>木</td><td colspan="2">旺</td><td colspan="7"></td><td>旺</td><td colspan="2"></td></tr>
<tr><td>火</td><td>旺</td><td colspan="2"></td><td colspan="2">旺</td><td colspan="7"></td></tr>
<tr><td>土</td><td>旺</td><td></td><td colspan="4">旺</td><td colspan="2"></td><td>旺</td><td colspan="2"></td><td>旺</td></tr>
<tr><td>金</td><td colspan="3"></td><td>旺</td><td colspan="2"></td><td colspan="3">旺</td><td colspan="2"></td><td>旺</td></tr>
<tr><td>水</td><td colspan="6"></td><td>旺</td><td colspan="2"></td><td colspan="2">旺</td><td></td></tr>
</table>

그림을 살피면 왕기旺氣를 띠는 조건으로 각 오행五行의 글자에 생록왕生祿旺의 지지地支 글자와 통근通根하면서 지지地支 정기正氣의 생生을 받는 경우에 해당함을 알 수 있습니다. 이것은 한 마디로 월지月支의 사시四時 계절이나 운성運星의 흐름에 국한된 시각에서 벗어나 오행五行과 월령月令과의 관계를 긴밀하게 고려해서 정한 쇠왕衰旺의 기준이라 하겠습니다. 위와 같이 각 오행五行이 왕기旺氣를 띠는 각 계절만 염두

에 둔다면 지금부터 팔자八字의 빈부귀천貧富貴賤을 한눈에 파악하는데 매우 유효한 결론에 도달할 것입니다.

그런데 각 글자 오행五行의 성쇠成衰를 판단하는 기준은 비단 월지月支 계절에 한정되는 것은 아닙니다. 지지地支의 회국會局과 또 대운大運의 운지運支 또한 사시四時의 흐름을 반영하므로 십성十星을 논할 때 이 둘의 요소를 빠뜨리고 말할 수 없는 것입니다.

가령 申月의 壬水 일간日干은 좀체 부자가 되기 어려울 것입니다. 식신食神이나 재財의 木火가 申月에 왕旺하지 않기 때문입니다. 그러나 팔자八字에 목국木局이나 화국火局을 이루고 있다면 속단치 말고 재차 살펴 재운財運을 말해야 합니다. 또한 대운大運의 운지運支가 木火運을 향할 때는 능히 축재蓄財를 기대할 수 있다는 얘기입니다.

총론해서 오행五行의 왕기旺氣를 띠는 지지地支 글자의 상황을 그림으로 표시하면 다음과 같습니다.

五行	月 支	運 支	會局
木	亥寅卯	亥寅卯	木局
火	寅巳午	寅巳午	火局
土	寅巳午辰戌丑未	寅巳午辰戌丑未	火局
金	巳申酉戌丑	巳申酉戌丑	金局
水	申亥子	申亥子	水局

이러한 왕기旺氣의 조건은 공망법空亡法에서도 매우 중요하게 다루는 것으로 적용법이 동일합니다. 팔자래정八字來情은 보는 법이 팔자八字를 살피는 원칙과 별반 다를 게 없습니다.

지금부터 재財의 성분에 한해 그것의 쇠왕衰旺을 살펴 빈부貧富 상황을 가리는 연습을 해보겠습니다.

時	日	月	年
戊	甲		
		寅	

가령 寅月 甲日이 戊時에 방문했을 경우, 이것이 어

느 사람의 팔자八字 원명元命이든, 모인某人이 내방來訪한 시점의 시간이든 적용하는 방법이 같다고 전술했습니다.

1. 寅月에 甲木, 신身은 왕旺합니다.
2. 寅月에 戊土, 재財도 왕旺합니다.

이른바 신왕재왕身旺財旺이라 할 수 있는데, 이것은 재복財福이 몹시 두텁고 안정된 상황을 기약하는 전조前兆라 할 수 있습니다. 이제는 적어도 독자들이 신왕재왕身旺財旺과 신강재강身强財强을 동일시하거나 같은 의미로 받아들이지 않을 거라 생각합니다.

가령 辰月生이라면,

時	日	月	年
戊	甲		
		辰	

이때는 신강재왕身强財旺이 되어 재복財福의 두터움은 능히 기대할 수 있으나 체용體用이 다 같이 왕旺한 신왕재왕身旺財旺에는 미치지 못한다는 뜻입니다. 그

러나 재왕財旺한 이상 풍요로운 환경이 오랜 기간 지속될 가능성은 농후합니다. 그런데 다음과 같은 경우라면,

時	日	月	年
戊	甲		
	寅	酉	

계절을 잃은 甲戊의 두 글자는 오직 일지日支, 寅에 뿌리를 내렸을 뿐, 신강재강身强財强에 불과합니다. 이때는 재복財福의 두터움을 논하지 않고, 다만 한시적인 '부자富者가 될 가능성'이 있는 선에서 판단하는 게 옳습니다.

이때 월령月令을 잃은 甲木이 어찌 신강身强한지를 묻는다면 명리命理 공부를 처음부터 다시 시작하는 게 좋겠습니다. 또 寅月과 寅日을 굳이 구분할 필요가 없이 甲戊가 어느 지지地支의 자리에서건 寅木을 본 이상 능히 왕旺할 수 있다고 보는 견해도 적지 않은데 이점은 심효첨沈孝瞻이 이법理法에 무게를 싣는 관점에서 비롯된 것입니다. 심효첨沈孝瞻은 격국格局 십성

十星의 길흉吉凶을 가려 단지 순용順用과 역용逆用으로 조화하는 데 주안을 두었는데 전통적인 십성법十星法에 비추어 보면 다소 위배되는 점이 있습니다.

팔자술八字術의 변함없는 기본적 원칙은 '사주간지자자통귀월령이관희기四柱干支字字統歸月令以觀喜忌'이 한 구절에 있는 것입니다. 즉 사주의 여덟 글자는 모두 월령에 귀속시켜 '좋고, 나쁨'을 가리는 게 정설定說이므로 이것이 바로 팔자八字를 해석하는 최초의 과정이라는 말입니다.

이 구절은 심효첨沈孝瞻의 자평진전子平眞詮 논용신論用神 편에서 찾아볼 수 있는데, 저자는 그것을 월지격국용신月支格局用神의 틀을 세우는 방향으로만 몰고 갔다는 것입니다. 자평진전子平眞詮이 선보일 즈음을 전후해서 특히 청淸나라 초기에는 전통적인 십성법十星法이 성행했었습니다. 이때는 주로 십성十星과 휴왕休旺의 관계를 살피는 것이 주류를 이루었는데, 문제는 이 휴왕休旺의 툴이 理法을 논외로 한 '엉성한 그물'이라는 점에 있습니다.

그러므로 독자들은 이제부터 십성十星과 보정補正된

쇠왕衰旺을 기준으로 십성법十星法을 적용하여 팔자八字의 빈부귀천貧富貴賤과 길흉수요吉凶壽夭를 순식간에 판단할 수 있는 '팔자즉간법八字卽看法(BAZI Reading in an instant)'의 법수法手를 어렵지 않게 익힐 수 있습니다.

종래의 휴왕休旺과 달리 새롭게 보정補正된 쇠왕衰旺의 구분을 적용하게 되면 팔자술八字術의 높은 적중的中면에서 충분히 실감하는 바가 있을 것입니다. 팔자즉간八字卽看은 이 책 전체를 통하여 설명될 중요한 주제가 되는데 이는 곧 팔자래정八字來情의 기법과 직결되는 사안이기 때문입니다. 간단한 연습을 통해 팔자즉간八字卽의 한 단면을 살펴보겠습니다.

※ 서기 '2008년 2월 1일 오전 5시'에 세워진 팔자八字를 통해 눈에 띠는 중요한 특성을 살펴보겠습니다.

時	日	月	年
辛	辛	癸	丁
卯	未	丑	亥

1. 우선 천간天干의 상황부터 고려하면, 丁火는 쇠衰하고, 癸水 또한 쇠衰하며, 辛金은 왕旺합니다.

2. 식신食神 癸水는 휴왕休旺으로 보면 왕旺이므로 얼핏 의식衣食이 넉넉한 상황으로 볼 수 있지만, 생왕묘절生旺墓絶로는 쇠衰에 속하여 실제로는 기대에 미치지 못합니다. 다만 포태胞胎에서 쇠衰는 이미 저하된 운기運氣를 말하는 게 아닙니다. 절정에서 기우는 상황이므로 처음의 형편보다는 못하다는 뜻이지, 크게 기우는 상황으로는 볼 수 없는 것입니다.

3. 비견比肩 辛金이 왕旺한 것은 분록分祿의 의미를 담아 재화財貨가 풍족한 형세는 아니지만 힘들 때 기댈 언덕은 분명히 존재하므로 고독孤獨과는 거리가 먼 상황을 암시합니다.

4. 문제는 흉신凶神 丁火 칠살七殺의 위력 여부에 달렸는데 일단 쇠衰하므로 별반 작용력을 발휘하지 못합니다. 이때 日時의 卯未 木局이 칠살七殺을 거세게 만들 수 있는 요인이 됩니다만 이미 원국元局에서 丑未沖이 성립되어 합국合局의 상황을 연출하지 못하므로 고려할 바 아닙니다.

5. 지지地支의 각 글자 또한 살피는 법이 天干과 동일합니다. 卯木 재財는 쇠衰하고, 상관傷官 亥水 또한 쇠衰한 것인데, 이때 상관傷官의 쇠衰는 휴왕休旺으로 볼 때는 왕旺인데 앞의 식신食神 癸水와 마찬가지로 작용력의 세기를 살피면 됩니다.

6. 일지日支 未土는 편인偏印으로 왕旺하게 자리 잡았는데, 이로 인해 뚜렷한 도식徒食의 작용을 나타내므로 불리한 점이 있습니다.

결론하자면, 이 팔자八字는 식신대살食神帶殺로 짜여진 격국格局인데 하고자 하는 의욕이나 벌리는 일은 많은 반면 기대에 미칠 만큼 재복財福이 따르지는 않을 테고, 진로進路에 애로사항이 나타나기도 하는 보통 이상의 명命 정도로 규정하면 그다지 현상과 벗어날 일이 없습니다.

이를 래정來情과 관련하여 운기運氣를 살펴보면 시초의 동인動因으로 작용하는 월간月干 식신食神에 주목하여 "귀하는 새로운 일을 벌였다"고 지적한 다음 구체적 동인動因인 시간時干 비견比肩을 살펴 "주변의 동업자나 세력을 끌어 모으는 형편"의 상황으로 논할 수 있습니다. 현재 동인動因의 사안에 대한 결과는 시지時支로 확정짓게 되는데, 卯木 재財는 사길신四吉神으로 쇠衰하니, 실패失敗하거나 무위無爲로 돌아가는 일은 없지만, 기대만큼의 성과를 내지 못하는 것으로 추리할 수 있습니다.

3.

命理와 運氣는 趣旨를 달리 한다.

理論과 用法 체계가 다르다.

命理는 運氣를 포괄하지만, 運氣는 命理를 수용하지 못하므로 시각이 벗어난다.

이 둘은 八字虛字論에서 일부 融合되지만, 재차 극명한 차이를 나타낸다.

어쨌건 虛神을 모르고는 반쪽 命理에 불과하다.

4.

刑沖會合의 성립 원리를 통해 河圖와 洛書에서 抽象되는 運氣의 體系를 파악할 수 있다.

六沖과 六合은 河圖의 배열로 추리할 때 다 같이 동일 圈域의 陰陽 合으로 볼 수 있다.

까닭에 刑沖會合 어느 것을 막론하고 虛神은 모두 合來, 引合하는 작용으로 표현한다.

※ '刑沖會合(BaZi Primer-VI, the kaleidoscope of life)' 참고

刑沖會合의 原理는 다음과 같다.

'刑[1]'은 三會를 河圖, 洛書에 결부시켜 抽象할 수 있다. 여기서는 河圖와 洛書를 그대로 오버랩(overlap) 시켜 同氣增幅이 아닌 三方相衝의 관계로 '金 대 火'의 相剋 조합에 주안을 두고 三刑(The Three Penalties)을 설명해 보기로 한다. 이것은 天地間 각각의 위치에서 五行의 각 자리를 살펴볼 때 같은 범위에서 존재하지 않으므로 불안정한 氣勢로 나타나는 현상을 의미한다. 간혹 金刑과 火刑의 同氣增幅 현상이 과연 地支를 開庫시킬만한 힘을 갖는지에 대해 일말의 의구심을 갖는 학습자들을 발견할 수 있는데, 이때는 三會 五行이 相衝되는 관계로 자리를 배치

하여 刑의 開庫 현상을 설명할 수도 있으므로 이 방법을 택한 것이다.

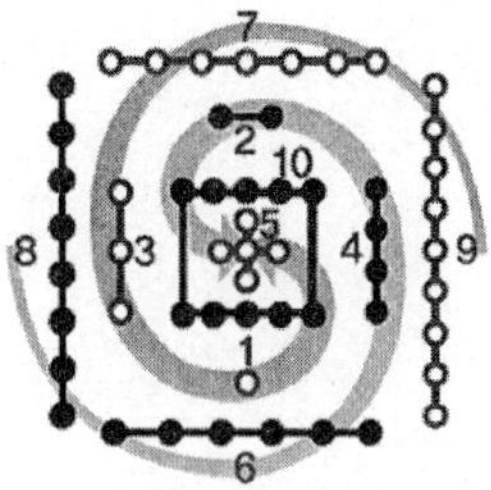

하 도

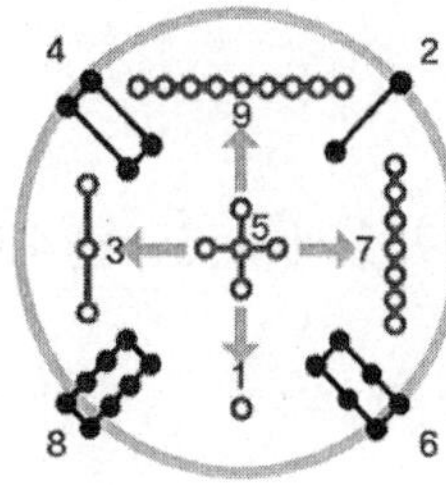

낙 서

앞의 그림 洛書에서 추출된 오른편의 五行 相剋圖를 왼편 相生圖로 옮겨 그대로 겹치면 水와 木의 자리는 일치하고, '火 대 金'의 자리로 짝짓는 상황이 연출된다. 三方相衝은 다음과 같이 정리된다.

河圖(하도)	金(금)			水(수)	木(목)	火(화)		
會(회)	申巳(신사)	酉午(유오)	戌未(술미)			寅巳(인사)	午酉(오유)	戌丑(술축)
洛書(낙서)	火(화)			水(수)	木(목)	金(금)		

同氣增幅(동기증폭)의 관계에서는 金刑(금형)과 火刑(화형)에서 自刑(자형)을 제외한 나머지 글자 조합을 三刑(삼형)으로 취했는데, 三方相衝(삼방상충)에서는 金火(금화)와 火金(화금)의 相剋(상극) 관계로부터 각기 方合(방합)과 三合(삼합)의 글자로 대조하여 三刑(삼형)의 글자 조합을 도출한다. 이때 午(오)와 酉(유)는 刑(형)의 글자로 취하지 않으나 이 또한 順四逆十(순사역십)의 數之極(수지극) 배열로 五行(오행) 相剋(상극)의 부조화를 나타내는바 刑(형)이 내포하는 謠動(요동)의 작용력이 나타난다. 이와 같이 金(금)과 火(화)의 자리를 겹쳐 놓으면 亥(해)와 辰(진)이 빠진 寅申巳(인신사)와 丑戌未(축술미)의 세 글자 三刑(삼형)을 확인할

수 있다.

'沖[2]'은 陰陽五行說에서 가장 선명한 원리 체계로 설명되는 논리라 할 수 있다. 한 마디로 沖은 陰陽 不配偶와 五行이 相剋된 글자로 짝을 이루는데, 이것은 엄밀히 글자를 땅바닥에 平面으로 배치했을 때 서로 마주보며 대립하는 對沖의 글자 조합이다.

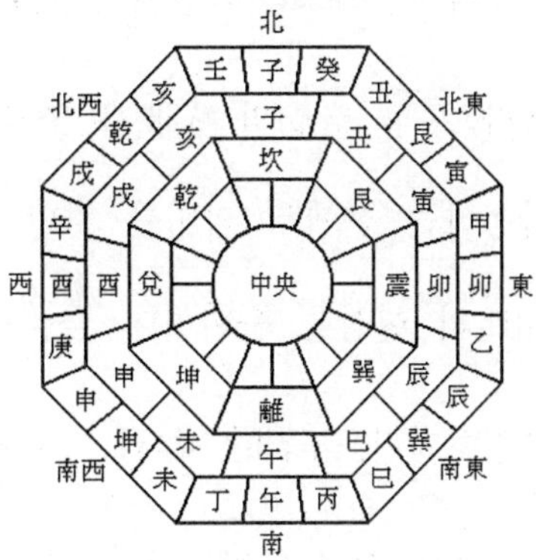

위 방위도의 三線, 十二支 배열에서 相對하는 글자의 조합이 支沖인데 子午, 丑未, 寅申, 卯酉, 巳亥, 辰

戌의 六沖을 살필 수 있다. 마찬가지로 四線 十干에서도 相對하는 각 글자의 조합으로 干沖을 말할 수 있는데 이때 戊己土는 天頂(zenith)과 天底(nadir)를 中央(center)의 범위로 모두 끌어놓은 방위로 정해져 궁극적으로 支沖과 같은 평면의 배열이 불가하다. 까닭에 八字術 실제에서 干沖이라는 용어를 잘 쓰지 않으며 다만 五行의 生剋制化 측면에서 貼한 글자의 制伏 여하에 따라 八字 格局의 成敗를 조율할 때를 위주로 해서 활용하는 선에서 의미를 지닌다. 결론적으로 支沖은 開庫의 현상을 수반하여 合化라는 生産적인 기능을 수행하지만, 干沖은 益과 무관하므로 刑沖會合이 말하는 沖에 속하지 않는다.

支沖이 성립되려면 十二支를 다 같이 땅에 固着된 質의 평등한 입장에서 평면 방위로 논한 것인데, 이와 달리 十二支를 空間에 배치하면 相對의 개념이 아닌 같은 圈域 대의 글자 조합으로 陰陽의 짝을 이루게 된다. 이것은 몹시 중요한 의미를 갖는다. 한 울타리에 놓인 陰陽의 두 글자는 대개 '合'을 짓기 마련이다. 까닭에 六沖 또한 空間의 運氣로 논하면 六合이 된다.

支合에는 또 다른 조합이 있다. 하나는 貴合이고 나머지 하나는 六合이다. 이것은 어렵지 않게 地軸(earth axis)과 연관지어 思惟해 볼 수 있는데 우선 貴合은 洛書의 軸과 통한다.

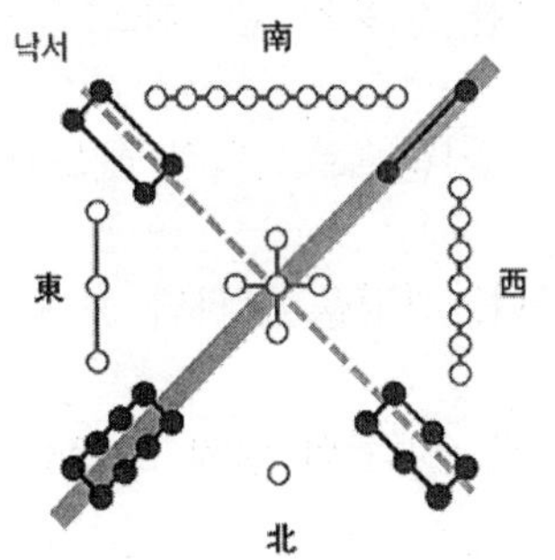

洛書의 數를 그대로 담은 文王八卦에 十二支에 배속하면 艮, 丑土와 坤, 未土로 지금의 地軸 기울기(23.5°)와 거의 일치하는 불안정한 상태를 확인할 수 있다.

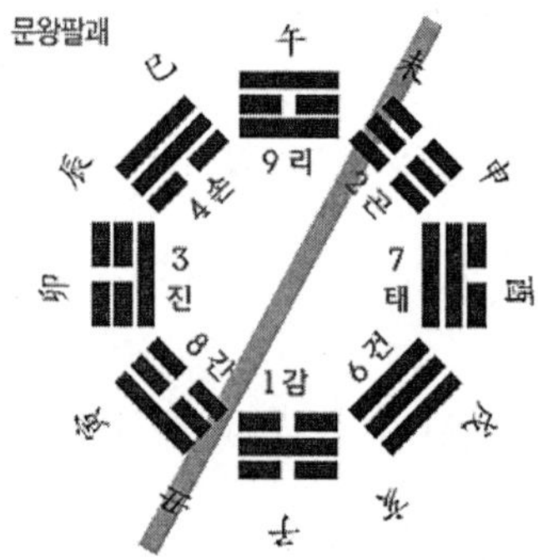

이렇게 불완전한 상황을 극복하고 均衡을 도모하는 작용으로 地軸을 기준으로 한 각 圈域대별 陰陽의 글자는 合을 이룬다. 그림을 살피면 左에서 右로 '巳卯, 寅午, 丑未, 申子, 亥酉'의 글자 조합을 유추할 수 있다. 이것이 바로 貴人의 合이다. 天乙貴人은 干支 상호간의 衡, 中和를 도모하는 절묘한 글자들의 조합으로 구성되는데 진정한 貴人은 陽貴와 陰貴의 두 글자를 모두 八字에서 보아야만 그것을 논할 수 있다. 經에 貴人은 沖으로 貴를 잃고 合으로 顯한다 했는데 이때의 合이란 엄밀히 따져 陰陽의 兩貴를 모두 갖춘 貴合을 뜻한다. 그러므로 十二支를 地支끼리의 관계에만 초점을 맞추면 丑未가 沖이 되지만, 이들을 空間에 배열하고 干支 상호간의 작용에 주안하면 丑未는 合이 된다.

이를테면 甲戊庚이 丑未를 보면 이때 陽貴, 天乙과 陰貴 玉堂의 兩貴 모두를 갖춘 眞貴를 논해야지, 沖으로 貴滅을 말해서는 안 된다. 또한 八字에서 貴落空亡은 몹시 꺼리는 현상인데 兩貴를 갖추었다면 이미 貴合된 것으로 空亡이 적용되지 않는다. 이때 貴人의 두 글자가 떨어져있어도 合의 작용은 나타나므로 影響 또한 무시할 바가 아니라는 점에 유의해야 한다. 李虛中命書에 貴人 자리의 干合도 好命으로 여겼는데 干支가 공히 流行하는 空間의 영역에서는 影響과 마찬가지로 遙繫 또한 헛된 것이 아니다.

貴合과 달리 六合은 地軸이 바로 선 河圖 相生의 象에 근접하는 十二地의 배열에서 비롯되는데, '子丑, 寅亥, 卯戌, 辰酉, 巳申, 午未'로 陰陽의 짝을 이루는 圈域을 확인할 수 있다. 즉 軸의 기울기가 伏羲八卦의 象과 완전한 일치를 이루는 것은 아니므로 干合과 같이 一體가 되는 合化의 뜻과는 일말의 차이가 있다. 까닭에 六合이 표출하는 合五行은 合化五行과 달리 특별한 조건에 부합되지 않는 한 象으로만 맺히고 物의 實得으로 체감되는 경우가 드물다.

'會[3]'에서 三會는 세 글자의 合을 말한다. 同氣를 띠는 글자들이 모여 氣의 集合을 이루고 강력한 勢力圈을 짓는 현상을 會라 한다. 응집된 旺氣는 먼저 八字의 衰神들을 沒死시키는 顚倒(reverse) 국면을 야기할 때가 많다. 會가 지니는 긍정적인 生産의 의미는 八字에 없는 虛神(invisible god)을 觸發시키거나 合化를 성립시켜 得益을 구체화하는 데 있다. 이를테면 坤命에 財旺하면 無官해도 夫德이 있다는 얘기와 통한다. 方合은 洛書에 배열된 十二地를 四方의 方位圈으로 묶어 '寅卯辰, 巳午未, 申酉戌, 亥子丑'과 같은 세 글자의 조합 地帶로 성립되는데, 同氣의 陰陽 두 글자가 만나 四土의 안식처를 두게 되니 몹시 有情한 會合이 되는 것이다. 보통 땅에 寄着된 質의 合은 온전한 一體로 변하기 어려운데 土가 배합되면 한결 合

力을 제고한다. 비유하자면 男女가 서로 떨어져 있지 않고 같은 동네에 살므로 緣分을 맺을 가능성이 높은 가운데 土의 安息處를 구한 셈이니 合의 농도가 짙다는 애기다. 까닭에 이 세 글자는 다 같이 具備되어야만 合局을 지을 수 있고 또 合했다 해도 干合과 같이 각자의 기능을 잃지 않는 특징이 있다. 方合과 달리 三合은 地面이 아닌 空間 圈域의 會合이다. 그래서 方合과 달리 半合이 성립되는 것이다. 三合의 勢力圈을 평면으로 나타내면 흡사 河圖의 五行 相生 배치와 같다.

비유컨대 이 또한 方合과 마찬가지로 陰陽의 두 글자가 配偶를 이루어 同氣의 庫地에서 蜜月을 즐기는 격이지만 同氣의 一氣로 충만할 뿐이지 새로운 個體를 生産하지는 못한다. 다만 갇히고 어두운 공간에서 자신의 屬性을 잃는다는 점에서는 方合과 차별되고 干合과 같은 성질을 띠게 된다. 合局이 나타내는 하나의 旺氣는 이미 六神物象(Module 4)에서 언급한 것처럼 月令을 얻는 것과 무관하게 드러난다.

'合[4] '에는 五合과 六合이 있는데 이는 곧 干合과 支合을 말한다. 六合은 의미의 대강을 앞의 沖에서 설명했으므로 여기서는 干合을 주로 논하겠다. 干合이야말로 生産과 得益의 진정한 작용력이라 할 수 있다. 刑沖도 결국 開庫로 야기되는 干合의 合化와 不化 여부에 따라 得失을 계량하는 측면에서 生産의 긍정적인 의미를 내포한다. 그렇다면 무엇이 合을 이루는가. '甲과 己, 乙과 庚, 丙과 辛, 丁과 壬, 戊와 癸'가 각각 合을 짓는다. 合論에는 五行說이 개입될 여지가 별로 없다. 오직 陰陽의 한 글자씩이 相合하는 陰陽說로 다 설명된다. 命理가 五行說을 축으로 陰陽說을 결부시키지 않으면 안 될 절대 요인이 바로 合論에 연유한다. 그런데 陰陽이 무조건 合하는 게 아니고 合할 수 있는 조건이 갖추어져야 한다. 우선은 같은 圈域에서 서로 존재해야 하는 것이다.

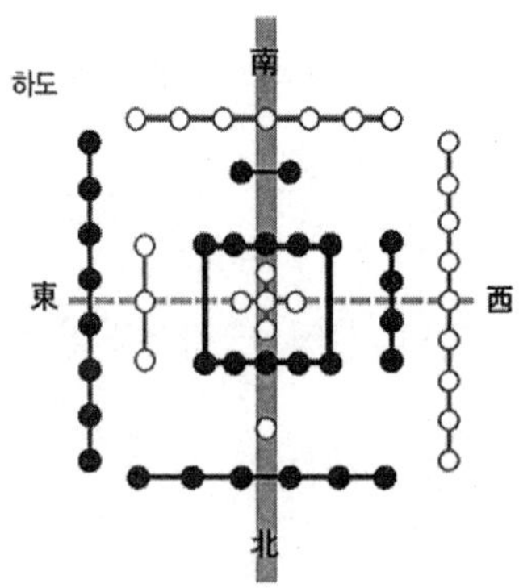

十干의 配合 圈域은 河圖에서 바로 유추해낼 수 있다. 河圖의 數는 '一과 六, 二와 七, 三과 八, 四와 九, 五와 十'이 각각 서로 合하는 뜻이 있음을 나타낸다. 이것을 十干의 數象 차례로 적용하면 一甲이 六己와 合하고 二乙이 七庚과 合하는 작용을 쉽게 설명할 수 있다. 그런데 왜 甲己가 合하면 土로 化하고, 乙庚이 合하면 金으로 化하는 것일까. 여기에는 두 가지 說이 존재한다. 먼저 五行이 있기 전에는 필시 陰陽老少가 있었고 水火木金의 氣가 대립하여 土를 형성하니, 五行의 끝자리에 있는 土가 甲己化土로 먼저 시작되는 이유는 水火木金의 質이 土에 依託하기 때문이라는 것이다. 이를테면 水는 土가 아니면 흐르지 못하고, 火는 土가 없이 태울 수 없으며 金은 土가 없이 生하지 못하고 木은 土가 없이 生長할 수 없다는 뜻이다. 따라서 土로 시작해서 金, 水, 木, 火의 순서로 각각의 干合이 生産하는 個體를 논했는데 그리 매끄러운 설명은 아니라고 생각된다.

合化의 다른 一說로는 遇龍則化라, 즉 辰龍을 만나면 化한다고 했으니 甲己年에는 戊辰月이 되므로 甲己合土요, 乙庚年에는 庚辰月이 되므로 乙庚合金이 되는 식으로 이어지는 논리가 있다. 適天髓闡微에서 任鐵樵는 十干이 合하면 변화되고 반드시 五土를 얻은 연후에 완성된다 했는데, 이 五土가 곧 辰으로 春節에 생물이 體를 이루고 氣가 열려 활발해지니 草木의 싹이 辰月에 나타나는 현상으로 化氣의 元神이 發露함을 설명했다. 明代 陶宗儀는 甲己年은 丙寅 月建이 시작되어 丙火가 土를 낳으니 甲己合土가 된 것이고, 乙庚年에는 戊寅 月建이 시작되어 戊土가 金을 낳아 乙庚合金이 된다 했으니 다 같은 말이다. 어쨌든 十干은 서로 신속하게 合하고 合하고 나면 자신의 屬性은 잃게 되는 合體를 이루어 새로운 氣運을 生産하는 뜻을 發한다. 八字術 實戰에서 合化를 능히 體感할 수 있는 바를 實得이라 하고 이때 命主는 분명 구체적으로 얻는 것이 있음을 실감한다. 이와 달리 象만 잡히고 손에 쥐는 것은 없는 경우 또한 허다한데 이때는 合化가 아닌 不化의 경우다.

5.

八字虛字論 또한 '衰旺의 기틀과 刑沖會合의 작용' 이 둘의 原理에 바탕을 둔다.

이것이 일단의 결론이다.

∴ thinking-1

命理는 理氣를 구분해서 現狀을 선명하게 밝혀나가는 것이고, 運氣는 理氣를 섞어 變化의 이치를 설명한다. 따지고 보면 命理는 河圖와 洛書에서 抽象된 원리를 모조리 구분해서 干支의 경계를 두지 않고 合作으로 응용하지만, 運氣는 地支에서 河圖의 배열에 치우쳐 이론화한 것이다. 예컨대 命理에서 甲木은 눈에 보이는 글자 그대로의 木을 취한 다음 보이지 않는 己土를 연상하는 식의 관점을 취한다. 이때 實字 甲木은 虛字 己土를 품고 있다고 표현한다. 그리고 이 己土는 당장 아무런 작용력을 미치지 못한다. 運氣에서는 甲木을 곧 己土와 互換하는 요소로 인식하고 化氣인 土를 주체로 甲과 己를 작용 대상으로 살핀다. 命理에서 甲木은 虛字가 아닌 實字의 己土가 動因으로 작용해야만 土의 化氣를 띠게 된다. 까닭에 甲木은 木일뿐 현상에서 土와는 거의 무관하다.

그런데 虛字論의 학습 과정에 이르면 甲木은 己土와 연관된다. 命理와 運氣가 만나는 접점이다. 하지만 이 둘은 곧 다른 방향으로 내닫는다. 命理에서 甲木은 그것이 곧 甲과 己가 土로서 待對하는 것으로 보는 게 아니다. 다시 말해 土를 앞세워 甲木을 보는 법이 없다는 얘기다. 다만 甲木의 반대편에는 가려진 己土가 實在하는 것으로 사유한다. 요는 현상에서 實在가 곧 實感의 대상으로 작동하지 않는다는 사실이다. 그래서 대다수의 術客들은 虛字 자체를 부정한다. 굳이 보이지도 않는 글자나 五行의 기운을 두고 왈가왈부할 필요가 없다는 얘기다. 게다가 "虛字를 몰라도 八字는 다 풀린다"는 蠻勇을 곧장 부리기도 한다. 원래 모르면 용감한 법이다. '그들만의 리그'가 아닌 드넓은 江湖로 나서면 어줍은 '관절기' 하나만으로는 통하지 않는 세상을 실감하게 된다. 命理에서 虛字 己土가 實字의 그것과 마찬가지로 작용하려면 干支가 相合하여 感應하는 구조를 갖추어야 한다. 이를테면 實字 甲木이 虛神 己財를 飛合하기 위해서는 地支의 實字들 또한 旺氣를 띠고 刑沖合하여 土財를 合來하는 유형에서 비로소 妙用을 드러낸다. 이때 당연히 土財는 塡實(impletion)되지 않아야 한다.

보통 虛字를 合來할 때 塡實의 기준은 干支에서 각기 적용을 달리 한다. 八字에 合來하는 虛神과 같은 '地支의 글자', 같은 '天干의 五行'이 있으면 塡實되어 格을 이루지 못한다. 예컨대 巳火를 合來할 때 막연히 八字의 火를 용납지 않는 것으로 이해하면 곤란하다. 丙丁巳午가 아니라 午를 제외한 丙丁巳만 塡實에 해당하는 글자다. 命理는 干支를 動靜으로 구분하는데, 地支가 合來하는 虛字는 靜이 動한 것이므로 塡實의 적용에서도 干支를 구분하는 것이다. 이것이 運氣보다 한층 심오한 命理의 경계를 반영하는 단적인 사례다.

※ '干支八字(BaZi Primer-I, the sexagenary cycle)' 참조

<table>
<tr><td rowspan="2">天干(천간)
stem</td><td rowspan="2">陽(양)</td><td rowspan="2">動(동)</td><td rowspan="2">氣象(기상)</td><td rowspan="2">보이지 않는
invisible</td><td>甲(갑)</td><td>陽木(양목)</td><td>生氣(생기)</td><td>감지되지 않는,
intangible</td></tr>
<tr><td>乙(을)</td><td>陰木(음목)</td><td>形質(형질)</td><td rowspan="3">감지되는,
tangible</td></tr>
<tr><td rowspan="2">地支(지지)
branch</td><td rowspan="2">陰(음)</td><td rowspan="2">靜(정)</td><td rowspan="2">物體(물체)</td><td rowspan="2">보이는
visible</td><td>寅(인)</td><td>陽木(양목)</td><td>形體(형체)</td></tr>
<tr><td>卯(묘)</td><td>陰木(음목)</td><td>器物(기물)</td></tr>
</table>

6.

倒沖은 竝立된 二字가 旺氣를 띠는 경우에 暗沖이 성립되는 현상이다.

命中 日支의 같은 글자가 竝立되면 倒沖字를 논할 수 있다.

7.

竝立된 旺者가 沖해 오는 글자는 八字에 이미 있는 것과 진배가 없다.

다음은 倒沖格에 합당한 命例들이다.

戊 戊 戊 戊
午 午 午 午 < 子水 財 暗沖 ; 飛出

甲 丙 庚 甲
午 午 午 寅 < 子水 官 暗沖 ; 沖起

丙 丁 乙 丁
午 巳 巳 巳 < 亥水 官 倒沖 ; 飛出

壬 癸 辛 癸
子 亥 亥 亥 < 巳火 財 倒沖 ; 飛出

八字에 倒沖字와 같은 地支의 글자나 天干의 五行이 있다면 塡實로 破格이다.

8.

왜 財官을 貴하게 여기는가.

三命通會에 柱中 祿馬의 한 글자를 품고 있으면 貴氣가 사라지지 않는다고 했다.

八字에 財官이 없다면 虛神의 合來로 貴를 救한다.

虛神의 合來가 混濁하다면 倒沖의 貴를 滅하는 요인이 된다.

∴ thinking-2

命理約言에 “地支의 두 글자만 서로 같으면 그 힘이 薄하여 沖해 쓸 수 없고, 반드시 三支나 四支라야 비로소 妙하다”고 했는데 大家의 설명으로 보기엔 다소 어설픈 설명이다. 三支는 한 마디로 沖出의 요건이 된다. 왜 二字 이상을 필요로 하는지, 三字와의 차이는 무엇인지, 또 合來의 源泉은 어디서 비롯되는지를 선명하게 알지 못한 것 같다. 다시 말해 虛神의 飛出과 實字의 沖出을 설명하지 못했다. 子平眞詮에서도 雜格과 正格을 가려 취하는 구체적인 이유를 밝히지 않았으니 見識이 높다고 볼 수 없다. 陳素菴이나 沈孝瞻에 비하자면 徐樂吾는 한결 진전된 면모를 보였지만 衰旺强弱과 刑沖會合을 잘 몰랐다. 그래서인지 최근에 이르기까지 外格의 이론 체계는 확고하지 않다.

아무튼 近世의 命理 大家들은 沖合虛神非不可用이라, 虛字의 가치를 인정하였다. 다만 外格에 純粹한 貴

格을 찾기 어려운 것으로만 설명을 그쳤으니 虛字論은 各論으로서도 충분히 제 모양을 갖추지 못한 셈이다. 格局의 틀을 정하는 原則부터 분명치 않았으므로 運法으로 진전하기는 더욱 어려웠다.

倒沖의 成格은 다음 세 가지 前提로 이루어진다.

i. 命中 竝立된 두 글자의 地支가 旺氣를 띠어야 한다.

ii. 合虛로 財官이 塡實되지 않아야 한다.

iii. 暗沖의 虛字는 八字 地支와의 刑을 꺼린다.

무릇 虛神의 合來는 모두 河圖에서 추상되는 運氣에서 설명된다. 刑은 河圖와 洛書의 삿된 자리 배열에서 성립되는 현상이므로 倒沖者가 刑이 되면 格이 濁해진다. 무엇보다 虛神을 쓰지 못하기 때문에 不美한 것인데, 이때도 實字도 沖出하여 沖起하는 구조라면 문제가 없다. 결론적으로 위의 세 조건에 부합되지 않으면 格이 純粹하지 못하여 破格으로 貧窮, 下賤해질 가능성이 높다.

倒沖은 응당 歲月의 實得과도 관계가 깊다. 가령 申月生의 土日 坤命이 無官八字로 申年에 寅木 虛神을

合來하면 結婚에 이르는 이치가 그러하다. 倒沖이 야기하는 實得과 無爲의 현상은 필시 月支와 運支와의 상관관계를 살펴야 한다.

流年의 倒沖 實得 여부를 가리는 연습을 해 보겠다.

坤,

庚 己 己 己

午 亥 巳 酉

- 酉運 : 卯木 得官 ; 飛出
- 巳運 : 亥水 塡實
- 亥運 : 巳火 塡實
- 午運 : 子水 得財

坤,

戊 丙 庚 辛

子 子 寅 亥

- 亥運 : 羈絆
- 寅運 : 羈絆
- 子運 : 得祿 ; 飛出

9.

飛天祿馬 또한 倒沖格과 원리가 같다.

庚子, 壬子, 辛亥, 癸亥 四日을 특별히 正飛天祿馬로 언급한다.

倒沖格은 일단 暗沖한 글자의 正氣만을 取하지만, 飛天祿馬格은 藏干物을 다 쓴다.

이것은 三字의 竝立으로 沖出하는 구조를 의미한다.

10.

飛天祿馬格은 응당 冬月을 유용하게 고찰한다.

그리고 八字에 丙丁巳午를 용납지 않는다.

財官이 塡實되면 보통의 內格으로 取格하면 그만이다.

다음은 飛天祿馬와 무관한 正格의 命例다.

丙 庚 丁 丙
子 子 酉 子 喬丞相 命造

星平會海에서 인용한 羊刃駕殺命이다.

丙 庚 丙 己
子 子 子 未 蔡貴妃 命造

子平眞詮에 예시된 金水傷官喜見火의 貴命이다.

11.

眞寶賦에 倒沖帶印遇財食하면 早歲成名한다 했다.

暗官으로 格을 이루니 필시 佳命이 되는 것이다.

12.

무릇 暗沖이란 것은 필수적으로 原局에 없는 虛神을 沖하여 合來한 것이다.

다음은 飛天祿馬格의 可否를 논한 命書의 命例들이다.

甲 壬 壬 壬

辰 子 子 子 魯尙書 命造

子平眞詮에 인용된 壬子生은 午中 丁火와 己土를 飛出하여 쓰는 구조다.

癸 癸 辛 壬

亥 亥 亥 辰 王守仁의 命造

古今名人命鑑에서 인용한 壬辰生은 巳中 丙火와 戊土를 飛出하여 쓰는 구조다.

다음은 子平一得에 乞人命으로 예시된 兩造다.

丙 壬 壬 壬

午 子 子 子

午火의 塡實로 飛天祿馬의 破格이다.

癸 癸 癸 戊

亥 亥 亥 寅

戊癸合으로 飛合을 논할 수 없고 虛字의 寅巳刑으로 合化, 沖起를 논할 수 없으니 飛天祿馬의 破格이다.

∴ thinking-3

飛天이란 아마도 命中 地支의 글자가 倒沖으로 合來해 오는 虛神을 天干에서도 相合하는 구조를 염두에 둔 造語일 것이다. 徐樂吾가 막연히 언급했던 衆矢集於一點의 의미와 통하는 얘기다. 또 하나 중요한 의미가 있다. 대개 虛字의 藏干을 引出해 用할 때는 飛라는 용어를 쓴다. 虛字는 기본적으로 實字와 같은 器物로 볼 수 없다. 까닭에 虛字의 藏干을 沖出해서 쓸 수는 없는 법이다. 반면 有力한 虛字와 대응하는 實字가 刑沖으로 開庫되는 현상은 실제로 나타난다. 요약하면 虛字의 藏干物은 飛出하여 쓰는 것이고, 實字의 藏干物은 刑沖으로 開庫하여 쓰는 것이다.

古人들이 暗沖暗合格의 富貴를 논할 때는 두 가지 점을 중시했다. 하나는 地支의 倒沖이 불러오는 글자가 財官으로 凶神, 殺은 취하지 않았다는 점이다. 또 하나는 이 같은 財官의 성분이 虛神으로 존재하는 한

貴氣가 사라지지 않는다고 본 것이다. 바로 이 대목에서 財官으로 成格된 內格들과 차별되는 外格의 특수성을 찾을 수 있다.

塡實은 그 자체로 外格의 破格을 논할 필요가 없고, 正格의 成敗로 高低喜忌를 가리면 된다. 일단 暗沖暗合格이 성립되면 이때는 塡實運을 극히 꺼린다. 外格이 大運에서 塡實되면 交運하면서 바로 財官의 流失을 실감하기 쉽다. 이후 內格으로 變格되기 쉬운데, 일단 變格이 되면 기간 중의 成敗는 內格의 喜忌에 준하여 살피면 된다. 즉 歲月에서 塡實運을 적용할 때가 있고, 적용하지 않을 때가 있다는 얘기다. 그러나 內格으로 成格되지 않는 경우도 적지 않다. 이때는 마찬가지로 歲月에서 塡實運을 적용하며 塡實運이 얼마나 凶暴한지를 경험하게 된다.

한 마디로 外格이 外格으로 존재하는 시기에는 필시 歲月의 顚實運을 기피하는 것이 骨子라 할 수 있다. 이때 格의 성립에서는 五行의 有無로 塡實을 논하지만, 運의 喜忌에서는 글자로 塡實을 살핀다.

13.

井欄叉란 飛天祿馬의 변형이다.

庚日이 申子辰 水局을 놓으면 寅午戌의 財官印 三者를 취해 格을 이룬다.

14.

亥子丑의 潤下는 해당되지 않는다.

巳火의 殺을 취하지 않는 까닭이다.

木火의 炎上을 말하지 않는 연유도 마찬가지다.

申金의 殺을 취할 수 없기 때문이다.

15.

드물게 內格으로 成格되어도 外格으로 논할 때가 있다.

合來한 財官이 有氣, 化現하다면 그것이 더욱 貴하기 때문이다.

虛神의 合來가 混濁하고 凶神이라면 예상치 못한 患亂을 암시한다.

16.

申子辰이 寅午戌 三者를 모두 合來하는 說은 취하기 어렵다.

水局은 水旺한 것이지, 申金과 辰土가 旺한 게 아니기 때문이다.

다음은 星平會海에서 인용한 井欄叉格의 命例들이다.

庚 庚 庚 戊
辰 申 申 子 郭統帥 命造

庚 庚 甲 庚
辰 申 子 寅 魏侍郎 命造

庚寅生은 木財의 塡實인데 井欄叉로 보았다.

이렇게 보면 命中 火官이 없는 것으로 능히 井欄叉의 格을 이룬다.

다시 말해 水局이 火官을 취하는 선에서 井欄叉格을 이해하면 무난하다.

17.

流年에서 三字로 合局을 성립되는 시기에 倒沖者를 취하는 것도 命中 塡實되면 無效다.

"成局干透一官星, 左邊右邊空碌碌"이란 逆剋 이전에 塡實로 인한 弊害를 시사한다.

18.

井欄叉나 飛天祿馬로 成格되면 金水傷官이 水運으로 향해도 顯達하는 것이다.

眞寶賦에 이르길 飛祿, 欄叉가 印綬를 겸하면 필시 昭代名公에 이른다고 했다.

∴ thinking-4

明通賦에 庚日全逢潤下면 壬癸巳午의 方을 忌한다고 했다. 이것은 간단히 말해 金水傷官이 丙丁運을 기뻐하고 月令이 刑沖되는 바를 꺼린다는 의미다. 星平會海에 金水傷官은 局中 火를 보아야 貴하고, 덧붙여 潤下를 이루면 火가 休囚된 상태여야만 貴格으로 佳하다고 했다. 徐樂吾는 이를 두고 兩說에 矛盾이 있는 것으로 판단하여 金水傷官이 暖火를 忌神으로 언급한 古法을 납득하지 못했다.

金水傷官이 火를 기뻐하는 것은 불변의 이치다. 그러나 潤下를 이룬 상태에서 天干의 丙丁이 아닌 巳午運을 만나면 해당 기간에 三會의 顚倒(reverse) 현상이 지속적으로 나타나므로 不然하게 본 것이다. 한 마디로 刑沖會合의 法手에 밝지 못한 까닭에 수월하게 이해하지 못한 것이다. 이것이 바로 井의 欄이 叉하는 뜻이다.

陳素菴은 경솔했다. "무엇을 井田이라 하고 무엇을 欄이라하며 무엇을 叉라 하는지가 모호하여 이것저것을 섞어 取하니 따라서 舊名을 버리고 暗沖의 例에 덧붙인다"고 했다. 게다가 "格을 命名함에 條理가 없으니 결국 어리석고 잘못된 것에서 비롯된 이름이라 하겠다"고 우쭐했는데 이 또한 思惟가 깊지 못하고 주제넘은 자세다.

喜忌篇에 時遇子申이면 福이 半減한다 했는데 이는 丙子時로 塡實되거나, 甲申時로 歸祿格에 해당되어 현상에서 井欄叉格의 極貴에는 미치지 못하는 것으로 보기 때문이다. 보통 金水傷官이 飛祿이나 欄叉로 外格을 이루면 그것이 原局에서 金水傷官喜見官하는 유형보다 더욱 貴格으로 여긴다.

19.

時에 이르길 壬辰日에 誕生하면 騎龍이라 했다.

壬騎龍背란 壬이 龍의 등에 걸터앉았다는 뜻이다.

官이 對沖하면 飛出하니 命中 辰多하면 官爵이 顯達한다는 것이다.

騎龍의 貴는 辰이 暗으로 戌中 辛丁戊의 三奇를 衝擊해서 쓰는 데 있다.

20.

壬騎龍背가 寅을 얻어 騎龍騎虎하면 財官이 더욱 妙하다고 했다.

이것은 또한 卯의 虛貴를 얻기 때문이다.

까닭에 壬辰日, 壬辰時의 命局은 보통 貴格을 이룬다.

또한 辰運에 이르면 官을 對沖하여 飛出할 것이다.

壬 壬 甲 壬
寅 辰 辰 辰 壬騎龍背

壬 壬 辛 癸
寅 辰 酉 亥 拱貴

壬 壬 甲 乙
寅 辰 申 卯 拱貴

21.

命理約言에 壬騎龍背는 格의 根據가 없다고 했다.

戌中 戊土의 殺을 沖官爲用할 수 없다는 것이다.

그러나 陽干은 七殺을 官의 眞神으로 취한다고 해서 문제가 되지 않는다.

보통 格의 외형을 논할 때 壬水는 무릇 己土를 꺼리고, 戊土를 기뻐한다.

엄밀히 따져 壬騎龍背格을 살피면 戌中 丁戊와 己土를 飛合하는 구조에 한정된다.

※ '滴天髓 스펙트럼(眞假論)' 참조

▶ 十干別 眞神

甲木	庚, 丙, 丁, 壬, 癸

1. 甲木의 富貴를 결정짓는 三者는 庚丁癸로 壬丙의 調和가 關鍵.

2. 寅月 萌芽의 계절에는 庚辛金을 不容하고, 이때 庚辛이 透하면 丁火가 藥으로 眞.

3. 辰月에는 壬水를 위주로 庚金을 洩氣, 甲木을 潤.

4. 寅酉亥子丑月(인유해자축월)에는 丙火(병화)의 調候(조후)를 要(요).

5. 寅巳午未戌月(인사오미술월)에는 癸水(계수)의 滋扶(자부)를 要(요).

乙木(을목)	丙(병), 癸(계), 己(기)

1. 乙木(을목)은 四時(사시)를 막론하고 丙火(병화)를 喜(희).

2. 乙木(을목)은 退氣(퇴기)하니 癸水(계수)의 生扶(생부)를 要(요).

3. 乙木(을목)은 柔(유)하여 庚辛金(경신금)을 不用(불용).

4. 申月(신월)에는 己土(기토)가 妙(묘).

5. 亥子丑月(해자축월)에는 丙火(병화)의 向陽(향양)으로 富貴(부귀).

丙火(병화)	甲(갑), 壬(임), 己(기)

1. 丙火(병화)는 貴(귀)는 壬水(임수)로 調律(조율).

2. 亥月(해월)에는 丙火(병화)가 失令(실령)하여 가장 弱(약)한 때로 壬水(임수)

를 用하지 않고 甲木을 取.

3. 亥子丑月에는 己土를 混用.

丁火	甲, 乙, 丁, 戊, 庚

1. 丁火는 衰竭하여 母星 甲木을 필시 要.

2. 丁火의 富貴는 대개 甲庚의 짝으로 完成.

3. 申月과 酉月에 甲木이 없으면 乙木을 取하는데, 이때는 丙火로 말려 枯草引燈.

戊土	甲, 丙, 壬, 癸

1. 戊土의 富貴는 無丙不生, 無甲不靈, 無癸不長으로 丙甲癸 三者의 調和가 關鍵.

2. 午月에 癸水로는 微弱하여 壬水를 先用.

3. 酉月에는 秋土生金을 主眼삼아 甲木의 疏土는 不必.

4. 亥子丑月에는 水旺하니 癸水를 不用.

己土	甲, 丙, 戊, 癸

1. 己土 田園은 丙火로 溫土하고, 癸水로 潤土하면 己土의 精神을 補.

2. 亥子丑月에는 濕泥가 寒冬하므로 癸水는 不用.

庚金	甲, 丁, 戊, 壬, 癸

1. 剛金은 丁火로 鍛鍊하면 銳利해지고, 丁火는 甲木에 依.

2. 三冬 庚金는 金寒水冷하여 丁火로 煅煉하고 丙

火로 調候.

3. 夏月 庚金은 몹시 柔弱하여, 壬癸水의 藥으로 火病을 制해야 妙.

4. 戌月에는 戊土가 司令하여 丁甲이 아닌 甲壬을 取.

5. 酉月은 陽刃으로 丁丙의 官殺混雜으로 成格.

辛金	丙, 己, 壬

1. 辛金 珠玉은 四時를 막론하고 壬水를 用.

2. 辛金이 몹시 衰弱하면 濕泥로 보호해야 하므로 己土로 生扶.

3. 三冬 辛金은 丙火로 調候.

壬水	甲, 丙, 戊, 庚, 壬, 癸

1. 春月 壬水는 庚辛金으로 水原을 發.

2. 夏月 壬水는 壬癸水의 比劫으로 幫身한 다음, 金으로 水原을 發.

3. 汪洋한 壬水를 戊土로 制防하면 福壽가 完全.

4. 壬水는 丙戊의 짝의 成格되면 大貴.

5. 卯月에는 물이 湛深하므로 먼저 戊土로 막은 다음에 辛金을 用.

6. 巳月에는 巳中 戊土가 癸水를 合해 오는 것을 경계하여 壬水를 先用.

7. 午月에는 午中 丁火가 壬水를 合해 오는 것을 경계하여 癸水를 先用.

8. 申月에는 庚金을 制하기 위해 丁火를 取하니 戊

丁을 用.

9. 酉月의 金白水淸은 戊己土가 病이므로 甲木을 用.

癸水	甲, 丙, 丁, 庚, 辛, 壬, 癸

1. 癸水는 柔弱하여 庚辛金의 生助를 喜.

2. 申月에는 印綬가 生하지 않아도 무방하므로 丁火를 用하고 甲木으로 佐.

3. 丑月에는 丙火가 得祿하고, 壬水가 出하면 水輔陽光으로 富貴가 極品.

∴ thinking-5

三命通會의 暗沖論에는 沖出, 沖起라는 표현이 있다. 특히 壬騎龍背 편에서 雙에 暗沖起를 언급하였다. 이것은 얼핏 暗沖으로 合來한 虛字의 藏干을 爲用한다는 의미로 해석하기 쉽다. 그러므로 후대의 命理家들은 "騎龍의 貴가 辰이 暗으로 戌中 辛丁戊의 三奇를 衝擊해서 쓰는 데 있다"고 보았다. 그런데 단순히 虛神을 끌어오는 현상과 虛字의 藏干을 沖出해 쓰는 것은 차원이 다른 말이다. 舊書에는 이점이 분명하게 摘示되어 있지 않다. 그래서 後學들의 견해가 몹시 엇갈린 것이다. 앞에서 이미 설명했듯이 虛字의 藏干을 沖出해 쓰는 법은 없다. 따라서 暗沖起란 엄밀히 따져 壬水가 丁火를 飛合하여 戌中 丁火를 飛出하는 妙用을 일컫는 말이다.

騎龍에는 보다 심오한 뜻이 있다. 辰은 壬水의 自庫인데 이것은 마땅히 沖出시켜야 좋은 것이다. 바로 이

역할을 對沖한 戌이 수행한다. 그러면 辰中 戊癸는 火氣를 띠고 春月에 능히 合化한다. 게다가 財庫이자 官庫인 戌土에서 財官을 飛出하는 구조 - 命中 壬甲透 - 에 놓이면 天地功德을 논할 정도다. 정리하면 暗沖起란 暗神이 實字를 衝擊하여 沖起하는 현상을 의미하는 말로 해석할 수도 있다.

보통 倒沖字를 논할 때 地支의 같은 二字 이상의 竝立이 合來의 일반적 요건으로 설명된다. 하지만 刑合에서는 두 글자 이상의 地支가 겹치지 않아도 甲寅이나 庚申 등의 干支가 合作하여 巳를 合來한다. 즉 地支는 각기 하나의 글자로도 暗合, 暗沖하는 虛字를 반영한다. 가령 合祿, 合馬, 合貴가 그런 것이다. 이상의 글자들이 八字에서 合으로 羈絆되어 있거나 塡實되지 않은 한 모든 虛字는 유효하다는 얘기다. 다만 實在와 實感의 차이가 있다. 虛字를 實字와 동등한 地位로 부상시키려면 實字가 旺氣를 띠거나, 竝立되어야 한다. 이 모두는 實字가 旺者여야 한다는 명제와 일치한다. 따라서 刑合 또한 合刑하는 地支의 글자 또한 旺氣를 띠어야만 妙한 것이다.

二字가 아닌 三字가 竝立되면 또 다른 妙用이 드러

난다고 했다. 暗沖起의 현상이 나타나기 때문이다. 飛祿과 騎龍은 飛出과 暗沖起의 두 가지 隱德을 암시하는 奇格이다. 반면 欄叉는 地支의 竝立과 무관하므로 沖出, 沖起를 거론한 바가 아니다. 暗沖과 飛出, 沖出을 구분하지 못하면 종내 공허하기 짝이 없는 虛字運用技로만 머물고 말 것이다.

22.

戊日 庚申時生이면 合祿格 여부를 살펴야 한다.

申金이 旺氣를 띠면 庚金이 乙木을 相合하여 寅木官을 얻는다.

八字에 甲乙寅卯가 있으면 塡實로 格을 이룰 수 없다.

23.

喜忌篇에 專食合祿이 食神의 旺地로 向運하면 名利가 있다고 했다.

歲月에서 甲丙寅卯를 犯하면 不遇해진다.

다음은 星平會海에서 인용한 兩造다.

庚 戊 己 壬

申 午 酉 午 史春芳 命造

庚 戊 丙 甲

申 戌 寅 辰 許澹庵 命造

壬午生은 酉月生으로 專食合祿格, 甲辰生은 專實로 天干順食의 貴格이다.

24.

刑合은 時支 寅과 申이 巳를 합해 오는 현상이다.

明通賦에 六癸日이 甲寅時를 얻으면 寅刑巳格으로 특히 奇하다 했다.

응당 時支 寅과 申은 旺氣를 띠어야 한다.

다음은 刑合格에 합당한 命例다.

甲 癸 癸 乙

寅 亥 未 未 節度使

亥未는 甲乙木의 透干으로 天干의 誘因力에 의해 會局되어 木旺하다.

25.

刑의 合來는 甲寅時와 庚申時만 가능하다.

干支가 專者로 比和하여 極盛을 띠어야 刑合한다는 뜻이다.

明通賦에 六癸日이 庚申時를 얻으면 巳를 合하여 財官으로 삼는다고 했다.

이를 두고 專印合祿格이라 한다.

26.

六癸日의 庚申時라 해서 무조건 專印合祿格이 될 수 없다.

八字에 丙丁火가 없고, 또 戊己土가 없어야 한다.

더욱 중요한 요소는 申金이 旺氣를 띠어야 하는 점이다.

다음은 武官 參將의 命이다.

庚 癸 甲 丁

申 酉 辰 酉

丁酉生은 辰月에 태어나 專印合祿格을 논할 수 없다.

다만 傷官殺印의 貴命일 뿐이다.

27.

明通賦에 專印과 專食은 논리가 같다고 했다.

子平眞詮에서는 刑合格이 合祿格과 유사하다고 했

다.

덧붙이길 合祿은 기쁘게 合來하는 것이고, 刑合은 강제로 合來하는 점이 다르다고 했다.

아마도 專食에서 天干이 相合하는 구조를 염두에 둔 말일 것이다.

그러나 專印은 刑合과 같으므로 沈孝瞻의 비유는 적합지 않다.

刑合과 合祿은 時干支의 專者라는 점에서만 一脈相通한다.

∴ thinking-6

八字虛字論의 텍스트를 말하자면 먼저 元代의 耶律楚材가 창시한 것으로 알려지는 星平會海(七政四餘, 果老星宗)를 들 수 있다. 이 책에서는 虛神을 實星과 대등한 입장에서 다루기 때문이다. 여기에서 다루어지는 방대한 분야는 한 마디로 경이롭다. 하나의 보기로 동일시각에 태어난 사람도 출생지의 緯度와 經度에 따라 八字의 배열이 달라지므로 袁樹珊이 命理探源에서 같은 시간대의 출생자라도 八字를 달리 세워야 한다고 주장한 내용과 일치한다. 이러한 내용은 꽤 설득력이 있으므로 臺灣에서조차 최근에 가장 유행하는 斗數의 시대가 가고 七政四餘가 주도하는 시대가 될 것으로 보는 학인들이 적지 않다. 明澄派에서는 命術의 초급, 중급, 고급 과정을 斗數, 子平, 星平으로 나누었다. 그만큼 차원이 높다는 얘기인데.

하지만 문제는 子平의 未完成에 있다. 이를테면 동

일 四柱를 극복하려는 시도는 매우 합당하지만, 막상 동일 시간대의 여러 八字를 세워 본들 어느 것 하나 정확하게 추리할 고도의 실력이 바탕 되지 않는 한 일체가 虛無한 얘기가 된다. 星平會海에서 설명되는 沖의 원리 하나만 봐도 별달리 명쾌한 점을 찾을 수 없다. 虛實의 互換을 설명한 것은 좋았지만, 虛實의 차별을 명백히 구분해서 논하지 못했다. 마찬가지로 强弱衰旺, 刑沖會合 그 어느 대목 하나 시원스런 해법을 제시하지 못한다. 생각건대 八字의 다른 現狀을 극복하려면 단순히 八字의 경우 수를 늘리는 시도보다 物象 代替(fungible)나 虛神 感應의 이치를 깊이 연구하는 편이 더욱 합리적일 것이다. 실상에서 暗神의 感應 사례가 각자 달리 나타난다는 점을 염두에 둔다면 이 문제를 해결하는 端緖를 잡을 수도 있을 것 같은 느낌이다. 어쨌든 星平會海는 命術의 어느 분야를 막론하고 언급하지 않은 부분이 없다는 점에서만 후한 점수를 줄 수 있다.

앞에서 다룬 刑合과 合祿에 대해서 陳素庵은 나름 날카로운 견해를 피력한다. 暗沖格과 暗合格은 수긍하는 입장을 취하지만, 子遙나 丑遙와 같이 돌아서 相逢

한다거나 甲寅時와 庚申時의 專時로만 유효한 暗刑에 대해서는 이치에 맞지 않다고 강변한다. 徐樂吾 또한 마찬가지의 시각을 견지했다. 이때 주로 星平會海의 詩를 인용하여 논리의 근거로 삼은 점이 종래의 命理 名人들보다 치밀했다고 볼 수 있다.

星平會海에서는 刑合格을 眞格이 아닌 假名으로 비하했다. 가령 六癸日이 甲寅時生이라 해도 亥子月에 태어났다면 일반 內格으로 傷官格의 원리로 추리하면 그만인데 刑合으로 美化시킨 것에 불과하다는 말이다. 徐樂吾는 子平一得에서 이를 증명하기 위하여 會海에서 다음과 같은 命例를 인용하고 있다.

甲 癸 甲 庚
寅 卯 申 午

庚午生은 癸日이 甲寅時를 얻었으나 白衣終老한 八字에 불과하다는 것이다. 此造는 寅木이 旺氣를 띠지 않아 애초에 刑合을 거론할 수 없는 命이다. 따라서 假名刑合을 증명하는 사례로 맞지 않다. 게다가 寅申相沖으로 貴氣를 잃었다는 설명은 다소 황망한 대목이다. 이외에도 通會에서 예로 든 또 하나의 命例가 있는데 다음과 같다.

甲 癸 甲 乙
寅 酉 申 未

설명의 요지는 한 마디로 刑合의 유형인데 名利가 높지 않고 낮았다는 것이다. 하지만 이 또한 申月生으로 刑合 자체가 성립되지 않는 命이다.

이와 같이 虛神의 貴를 논할 때는 필시 衰旺이 前提되어야 한다. 古書는 바로 이점을 명확하게 언급하지 않았다. 무엇보다 숱한 大家들조차 衰旺强弱에 대한 확고한 이해가 바탕 되지 않았다는 점이 가장 큰 문제였다. 아래 滴天髓補註의 看命捷訣에 요약되어 있는 衰旺强弱의 불분명한 설명을 보면 이점이 한결 선명해진다.

看命衰旺强弱之理最難. 旺者, 日干生當令之時.

팔자를 볼 때 쇠왕과 강약의 이치가 가장 어렵다. 旺者란 일간이 당령한 계절에 태어난 것이다.

又見比劫印綬, 謂之旺. 若只當令, 無劫印生扶, 仍作衰論.

또한 비겁과 인수을 보아야 旺이라 일컫는다. 만약

단지 당령하기만 하고, 비겁의 생부가 없으면 오히려 衰를 논하게 된다.

强者, 日干當令, 四柱皆劫印, 謂之强.

强者란 일간이 당령하고 사주가 겁인에 두루 미쳐야 强이라 일컫는다.

弱者, 日干逢休囚. 柱中無劫印, 謂之弱.

弱者란 일간이 휴수기를 보고 주중에 겁인이 없을 때를 弱이라 일컫는다.

四柱有劫印, 謂之衰. 日干雖不當令. 而四柱劫印重. 亦作旺論. 必須審察的確.

사주에 겁인이 있으면 衰라 일컫는다. 일간이 비록 당령하지 못했다 할지라도 사주에 겁인이 중하면 또한 旺을 논하기도 한다. 반드시 자세히 살피고 틀림이 없도록 해야 한다.

旺者宜剋. 强者宜洩. 衰者宜扶. 弱者宜抑. 此不易之法也.

왕자는 극함이 마땅하고, 강자는 설함이 마땅하며 쇠자는 마땅히 도와야 하고, 약자는 억함이 마땅한데 이상은 변하지 않는 법이라 하겠다.

이상과 같이 先學들은 衰旺强弱에 관한 요령부득

한 설명으로 그치고 말았다.

刑合格은 대강의 要領이 있음을 밝혔다. 실제에서는 따로 刑合을 논하지 않고, 從兒로도 貴를 추리할 수 있지만 현상에서 분명하게 나타나는 官祿은 유력한 虛神의 존재로 설명하는 刑合이 더욱 타당하다. 이제 문제는 刑合과 合祿에서 陳素庵이 제기한 時辰의 專者로만 취하는 대목으로 압축된다. 그는 "專年, 專月, 專日도 그 힘이 專時보다 더욱 크거늘 어찌 그것들은 取하지 않는가?"라고 반문했다. 과연 이 주장이 합당한지가 의문이다. 먼저 專年과 專日이 專時의 세력에 미치지 못한다. 또한 刑合이나 合祿은 干支의 專者로 合來의 유력한 작용력을 설명하는 이치로 성립되는 格인데 專日은 애당초 부합되지 않는 말이다. 專月은 왜 取하지 않는가. 무릇 氣勢의 衰旺은 八字의 干支를 모두 月令에 귀속시켜 살피는 것인데 月令은 體(格局用神)로 外格과는 무관하기 때문이다. 그러므로 刑의 合來에서 專時만을 보는 법은 이치로 보아 옳은 말이다.

命理約言에서 陳素庵은 合祿格으로 다음과 같은 命例를 제시하며 專時의 合來를 부정하는 입장을 밝히고 있다.

庚 戊 庚 甲

申 辰 午 戌

甲戌生의 四柱는 戊日 庚申時로 분명히 合祿格인데 제일 꺼리는 甲木을 生年에서 만났고 또 忌하는 夏月에 出生하였다. 따라서 이치대로 설명하자면 꽤 불행한 八字여야 하는데 오히려 富貴榮華를 누리며 福祿家로 살았다. 이유가 무엇인가? 月干 庚金이 이 格에 病이 되는 甲木을 除去하였고 또 夏月 戊辰日로서 命主가 심히 旺하여 설기시키는 것을 좋아하는데 庚申을 만나 假傷官으로 變格이 되어 크게 귀해졌다. 이 같이 忌하는 字에만 집착하지 말고 보다 안목을 넓혀 폭넓게 추론해야 한다.

여타의 반박도 모두 그러하지만 이 또한 다소 답답한 견해다. 戊日 庚申時에 甲木이 透하면 塡實에 속하여 合祿格 자체가 성립되지 않는다. 明通賦나 喜忌篇, 古歌云 어느 것을 막론하고 古法에 塡實로 合祿格이 성립되지 않는 것만을 논한다. 그리고 일단 合祿格이 성립된 이후 塡實運의 凶禍를 말하고 있을 뿐이다. 子遙와 丑遙에 대해서는 후술한다.

28.

暗沖과 마찬가지로 暗合 역시 取用할 수 있다.

八字에 財官이 없고, 竝立된 地支나 旺神이 財官을 暗合하면 실제의 財官과 다름이 없다.

29.

暗合格이 성립될 때도 보통 三支 내지 四支가 서로 같아야 그 합合이 참되다는 설이 있다.

이것은 잘 몰라서 하는 소리다.

예컨대 日時의 兩支가 같고 塡實됨이 없으면 능히 合來한다.

요는 實字가 旺氣를 띠는지의 여부에 달렸다.

다음은 中國의 옛 皇帝 成祖의 命으로 暗合格이다.

辛 癸 辛 庚
酉 酉 巳 子

30.

趨乾이나 趨艮은 時의 扶合으로 發福을 상정한다.

乾은 西北間方으로 亥의 자리고, 艮은 東北間方으로 寅의 자리다.

甲日 乙亥時는 寅을 扶合하여 祿으로 삼고, 壬日 壬

寅時는 亥를 扶合하여 祿으로 삼는다.

時支가 旺氣를 띠어야만 成格된다.

舊書에는 드러난 祿보다 暗祿을 기뻐한다고 했다.

挾祿을 貴하게 여기는 연유도 같은 이치다.

31.

陳素菴은 趨乾, 趨艮 등의 제한된 글자 놀이에 의미를 부여하지 않았다.

하지만 李錫暎은 萬物이 時生하는 天門 亥時를 따로 거론할 필요가 있다고 했다.

특히 甲木의 趨乾은 核과 같아 格의 模範을 세워 볼 만하다는 것이다.

其實 요체는 乙木과 亥가 合來하는 寅木의 扶合 구조에 있는 것이지, 天門과는 무관하다.

다음은 命理約言에서 인용한 六甲趨乾格의 命例다.

乙 甲 癸 戊

亥 子 亥 辰

陳素菴은 此造를 두고 內格의 印綬用財로 족하다고 했다.

愚見이다.

干合된 財를 취하여 成格되는 경우가 없기 때문이다.

乙亥의 亥水가 旺氣를 띠는 趨乾格이 합당하다.

32.

趨乾과 趨艮은 모두 時地가 長生地로 扶合된 구조다.

다음은 滴天髓闡微에 從兒格으로 說明된 六壬趨艮格의 命例다.

壬 壬 壬 壬

寅 寅 寅 寅

時地 寅木이 旺氣를 띠는 점에 주목해야 한다.

무릇 虛貴를 논할 때 格局의 틀에 얽매일 필요가 없다.

內外를 막론하고, 貴는 貴 자체로 해석하며 外格으로 成格되면 이를 먼저 취한다.

壬寅生은 氣勢가 純粹한 從兒格이 틀림없으나 趨艮이 되어 더욱 貴命인 셈이다.

∴ thinking-7

命理約言에 暗合을 취할 때 甲辰日과 癸卯日은 春令에 生하는 것을 기뻐하고, 戊戌日과 癸酉日은 秋冬에 生해야 合이 有力해져 좋다고 했다.

甲辰	酉官
癸卯	戌官
戊戌	卯官
癸酉	辰官

이것은 休旺만을 고려한 관점이다. 실제로는 그렇지 않다. 서두에서 “實字는 衰旺, 虛神은 休旺의 기틀로 效用과 得失을 판단한다”고 했다. 즉 戊戌日은 春節에서 寅月과 辰月에만 旺氣를 띠지, 卯月에서 旺氣를 논할 수 없다. 이와 같이 補正된 衰旺을 기준으로 地支의 旺神을 살펴야 한다.

暗沖과 暗合이 다른 점은 暗合의 성립에서 八字의 沖이나 暗合해오는 虛字가 八字의 實字와 沖할 때 合來하지 못하는 현상에 있다. 다시 말해 暗沖해 오는 虛字가 八字의 實字와 合하면 合來의 작용력이 제고되지만, 暗合格은 塡實과 沖으로 성립되지 못한다.

子 子 午[1]

子는 沖이 되어 丑을 暗合하지 못한다.

子 子 未[2]

暗合의 虛字, 丑은 未와 沖이 되어 合來하지 못한다.

子 子 未[3]

暗沖의 虛字, 午는 未와 合하므로 合來의 작용력이 倍加된다.

子 子 丑[4]

子는 丑과 合하여 羈絆되므로 合來하지 못한다.

33.

金玉賦에 子와 丑은 巳를 遙合한다고 했다.

왜 遙인가.

遠方의 虛神을 搖動한다는 뜻이다.

34.

明通賦에 甲子日이 子時를 보고 庚辛申酉丑午가 없으면 祿馬飛來라 했다.

두 개의 子가 巳를 合하여 그것으로 土金의 財官으로 쓴다는 말이다.

다음은 神峯通考에서 인용한 子遙巳格의 兩造다.

甲 甲 乙 己

子 子 亥 亥

甲 甲 壬 丙

子 子 辰 寅

前造는 首相職에 올랐고, 後造 또한 大貴한 命으로 묘사되었다.

35.

巳火로 어찌 甲木의 財官을 쓰는가.

神峯通考에서 張楠이 해석하길, 子가 巳를 合하고 巳中 丙火가 辛金을 遙合한다 했다.

徐樂吾는 이를 일러 迂回曲折로 비난했다.

沈孝瞻 또한 甲子遙巳는 폐지되어야 마땅하다고 했다.

그러면서 다음의 命造는 약간 부합되는 면이 있다고 했다.

甲 甲 甲 甲

子 子 戊 申 羅禦史

36.

喜忌篇에 丑을 多逢하면 官을 기피하고 時에서 子巳를 보면 虛名虛利라 했다.

丑이 遙合한 巳中 丙戊를 官으로 用하는 것이다.

다음은 子平眞詮에서 인용한 丑遙巳格의 命例다.

庚 辛 辛 辛

寅 丑 丑 丑 章統制

∴ thinking-8

근세의 子平 名家들은 遙合論을 두고 한결같은 부정적인 반응을 나타냈다. 한 마디로 迂回曲折, 牽强附會라는 얘기다. 그러니 이를 억지스럽게 설명하는 神峯通考의 說을 誤謬로 보는 게 당연했을 법하다. 子平集腋에는 이 神峯通考가 命書 중에 가장 淺薄한 論理를 펼친 雜書로 수차에 걸쳐 비판하고 있다. 子遙巳를 논하는 것 자체가 잘못이라는 말인데.

命理約言에 "子巳는 서로 合神도 아닐뿐더러 만일 子中 癸水가 巳中 戊土를 遙合한다면 여타의 地支 속 藏干들도 이러함이 많을 것인데 어찌 이 모두를 다 특별하게 取할 수 있겠는가"라며 이치에 맞지 않음을 강변하고 있다.

실례로 神峯通考에서 인용한 子遙巳格의 兩造를 두고,

甲 甲 乙 己
子 子 亥 亥

甲 甲 壬 丙
子 子 辰 寅

이상이 모두 子遙巳가 외면하는 金運에 發福했음을 지적하며 外格 일체를 부정하는 것이다.

그런데 古歌에는 子遙巳가 성립되는 조건으로 庚申辛酉의 不在를 거론할 뿐, 그것의 존재 자체로 破格을 논한 바가 없다. 古書에 명확하게 명시된 바가 없으나 大運에서 金運을 만나면 그 자체로 變格을 논하면 될 것이다. 身旺이 官旺하면 富貴한 경우가 많은 것이 당연할 터인데 이로써 子遙巳를 부정하면 정교하지 못한 접근이다.

생각건대 遙合이 특별한 것은 十干의 屬性과 밀접한 관계가 있다. 먼저 癸水와 戊土의 관계가 특별하다. 滴天髓 天干論에 戊土는 靜翕이라, 靜해도 和合하는 성질을 품으니 예컨대 戊子는 그 자체로 相合하는 작용력이 강하여 暗暗裡에 火氣를 드러내는 것이다. 五陰干 중에 가장 陰性이 강한 것은 癸水와 辛金을 들 수 있는데 이들은 秋冬月이 아닌 한 언제든 火土에 從하려는 특징을 나타낸다. 이것이 바로 子遙巳와 丑遙巳의 特合 이치다. 까닭에 冬月에 巳中 丙火가 辛金을 遙合하는 현상은 쉬 폐기할 내용이 아니다. 특히 丙火와 癸水는 神功의 자연적인 파워를 지니므로 비록 地支에 뿌리를 내리지 못해도 자체적인 힘을 잃었다고 볼 수 없다. 그러므로 暗神으로 존재하는 丙癸의 글자 또한 자세히 살펴야 마땅한 것이다. 戊子가 丙火를 遙合하고, 丙子가 辛金을 遙合하는 神功의 작용력을 어찌 부정할 것인가. 暗神이 感應하는 機密을 다 헤아려 설명하기란 쉬운 일이 아니다. 空間에서 天干의 隱密한 暗合이 작동하고, 丙火에 癸水가 配合되는 곳에 바로 神功의 惠澤이 있다. 이는 곧 鼠貴와 朝陽에 脈絡貫通한다.

사람들은 가볍게 五行의 바른 이치를 내세워 스스로 납득가지 않는 제 古說을 부정하기 쉬운데, 이를테면 遙巳格을 內格으로 보아도 무방하다고 목소리를 높이는 식이다. 그런데 遙巳格의 富貴가 현저하다는 사실을 實證함에 있어서는 대개 부족한 견해를 드러내기 일쑤다. 게다가 遙巳格이 아닌 것을 두고 遙巳를 억지

논리로 몰아붙인다면 이 또한 牽强附會로 답답하기는 매한가지일 터. 하나는 알고 둘을 모를 바엔 차라리 하나도 모르는 게 나을 것이다.

정리하면 子와 丑이 겹치면 능히 巳를 合來하여 飛出해 쓸 수 있다. 이때 子遙巳에 한하여 金神의 塡實을 적용한다는 점에서 특별함을 논할 수 있다. 또한 子遙巳格은 丙辛合水가 月令과 깊은 관계가 있으므로 合力을 가중시키는 扶合의 측면에서 秋冬月에 한해 成格된다는 점이 樞紐라 할 만하다. 더 깊이 窮究하면 騎龍과 子遙巳에서 甲木의 飛合 작용이 扶合하는 機密이 있다.

37.

明通賦에 六辛이 原局에서 午를 보지 않고 戊子時生이면 丙火 虛神을 官貴로 삼는다 했다.

이것은 子遙巳와 이치가 같다.

다만 戊子 자체가 暗暗裡에 火氣를 띠는 점에서 遙合과는 일견 의미를 달리 한다.

命中 子丑이 合되거나, 巳를 보아도 굳이 塡實을 논할 필요가 없다.

까닭에 辛日은 日辰에 구애받지 않고 모두 朝陽格이

될 수 있다.

다음은 命理正宗에 예시된 朝陽格의 兩造다.

戊 辛 辛 戊

子 丑 酉 辰 王大尉 命造

戊 辛 辛 戊

子 酉 酉 辰 張知縣 命造

38.

朝陽格은 身旺한 것이 成格의 第一 조건이다.

다음은 子平一得에서 朝陽의 破格으로 설명한 命例들이다.

戊 辛 辛 壬

子 酉 亥 辰

失令失格이다.

戊 辛 丙 丁

子 酉 午 酉

失令이자 塡實로 破格이다.

戊 辛 庚 戊
子 酉 申 戌

申子 三合으로 用神이 塡失되어 破格된 貧農의 八字로 徐樂吾가 설명한 例다.

이보다는 從革이 巳火를 용납하기 어렵고 虛字의 申巳 刑이 破格의 요인이다.

39.

拱貴拱祿란 日時의 二支가 拱夾한 祿과 貴를 말한다.

이때의 祿은 日祿이고 貴는 正官을 뜻한다.

景鑑에 拱貴拱祿가 純粹하면 王侯之倫이나 塡實되면 虛名虛利라 했다.

이때 塡實은 오직 夾字만을 취한다.

拱夾의 虛神은 自虛기 때문이다.

40.

拱貴拱祿이 奇妙하려면 相合, 扶合의 조건에 부합되어 引和力을 높여야 한다.

다음은 明通賦에 예시된 拱祿格이다.

丁 丁 丁 壬

未 巳 未 子

日時의 巳와 未가 午祿을 拱夾하는데 年月의 子未가 또한 午火를 合來하니 大貴하다.

다음은 여러 書冊에서 인용되는 拱貴格이다.

戊 丙 己 庚

戌 申 卯 辰

日時의 申과 戌이 酉貴를 拱夾하는데 年月의 辰卯가 또한 酉金을 合來하니 眞格이다.

此命은 丙申 - 丁酉 - 戊戌로 夾한다 해서 聯珠挾貴로 別稱했다.

∴ thinking-9

拱夾에서 徐樂吾는 유독 重矢集於一點으로 즐겨 비유하는 相合, 扶合의 조건을 강조한다. 이것은 甲子日에 丙寅時나 戊午日에 庚申時와 같이 비교적 聯珠貴人을 많이 발견할 수 있는 유형에서 실제의 富貴로 연결되지 않는 경우 또한 적지 않기 때문이다. 예컨대 다음과 같은 命例에서

戊 丙 丁 壬
戌 申 未 寅

壬寅生은 聯珠挾貴가 틀림없는데도 此人은 乞食하다가 死亡한 자로 子平一得에 설명되어 있다. 虛神感應을 생각해보지 않을 수 없는 대목이다.

三明通會에 拱夾은 塡實과 空亡을 怕하는 것으로 설명한다. 拱夾된 虛神은 實字와 마찬가지로 空亡되면 實則無用이 되는 불리함이 따른다는 의미다. 拱夾된

虛神의 空亡을 적용할 때는 반드시 天干에 化神이 透했는지의 여부를 살펴야 한다. 化神이 透해야만 진정한 富貴를 논할 수 있다. 拱夾된 虛神의 空亡이 解消되는 조건으로는 月令을 얻어 旺氣를 띠거나 相合과 扶合의 구조, 즉 一神으로 集中되는 경우를 들 수 있다.

※ '空亡秘鑰(BaZi Primer-IV, Touching the Void)' 참조

旬							
一旬	해중금 海中金	노중화 爐中火	대림목 大林木	노방토 路傍土	검봉금 劍鋒金	旬中 空亡	四大 空亡
	甲子 乙丑	丙寅 丁卯	戊辰 己巳	庚午 辛未	壬申 癸酉	戌亥	水
二旬	산두화 山頭火	간하수 澗下水	성두토 城頭土	백랍금 白鑞金	양류목 楊柳木	六甲 空亡	四大 空亡
	甲戌 乙亥	丙子 丁丑	戊寅 己卯	庚辰 辛巳	壬午 癸未	申酉	無
三旬	천중수 泉中水	옥상토 屋上土	벽력화 霹靂火	송백목 松柏木	장류수 長流水	六甲 空亡	四大 空亡
	甲申 乙酉	丙戌 丁亥	戊子 己丑	庚寅 辛卯	壬辰 癸巳	午未	金
四旬	사중금 砂中金	산하화 山下火	평지목 平地木	벽상토 壁上土	금박금 金箔金	六甲 空亡	四大 空亡
	甲午 乙未	丙申 丁酉	戊戌 己亥	庚子 辛丑	壬寅 癸卯	辰巳	水
五旬	복등화 覆燈火	천하수 天河水	대역토 大驛土	차천금 釵釧金	상자목 桑柘木	六甲 空亡	四大 空亡
	甲辰 乙巳	丙午 丁未	戊申 己酉	庚戌 辛亥	壬子 癸丑	寅卯	無
六旬	대계수 大溪水	사중토 沙中土	천상화 天上火	석류목 石榴木	대해수 大海水	六甲 空亡	四大 空亡
	甲寅 乙卯	丙辰 丁巳	戊午 己未	庚申 辛酉	壬戌 癸亥	子丑	金

Textual - 2[虛字運用; 實技]

41.

虛神을 用神으로 삼아 取格하는 것 이외에도 虛字는 나름의 效用이 있다고 했다.

八字의 虛神은 긴밀하게 살펴야 한다.

拱夾된 虛神은 塡實運에 流失된다.

庚 壬 甲 乙

戌 子 申 巳

亥年, 日時에 拱夾된 亥祿을 잃는다.

祿失은 元亨利貞으로 대개 當年 후반기에 나타난다.

巳亥沖은 후차적으로 발생한다.

自虛는 實字의 沖運에 流失되는 법이 없다.

巳運, 亥祿을 合來한다.

拱夾된 亥祿을 잃지 않는다.

42.

三合의 二字는 나머지 一字를 引合한다.

庚 壬 甲 乙
戌 子 申 巳

申子는 辰土를 引合한다.

會局의 引合字는 自虛로 時支, 戌土로 인해 不引하는 법은 없다.

會局의 虛字는 자연 旺氣를 띠어 有力한 요소로 작동한다.

辰運에 虛字는 쓸모가 없어진다.

虛字 辰土는 財庫 戌土의 財神을 沖出한다.

43.

命中 方合의 二字가 나머지 一字를 引合하는 법은 없다.

다만 運에서 方合의 二字가 성립되면 나머지 一字를 引合한다.

庚 壬 甲 乙
戌 子 申 巳

午年, 未土 官을 合來한다.

未中 丁己는 飛出해 쓰고, 戌未刑으로 戊土는 沖出한다.

子午沖은 衰者拔로 나타나 挾祿이 流失되는 법은 없다.

※ '八字術파이널블로(Finalblow)' 참조

▶ 虛字 Drill

虛字는 그 자체로는 無用의 글자에 불과하지만, 어떠한 조건에 놓이면 實字와 같은 역할을 수반하게 되므로 八字術 實戰에서 매우 유용한 의미를 지닌다. 보이는 여덟 글자만이 八字가 아니라는 점을 이 책의 독자들은 이미 충분히 공감하고 있으리라 생각한다. 虛字의 기본적 지식을 생각가는대로 서술해 보겠다. 먼저 다음과 같은 八字의 유형을 살피면,

□ 己 □ □
□ □ 亥 丑

亥와 丑 사이에 子水 貴人의 글자가 挾되어 있다.

□ 己 □ □

子 □ 亥 丑

그러나 위와 같이 時支 子가 이미 존재하면 塡實로 子水 貴人의 挾이 성립되지 않는다.

□ 己 □ □

□ □ 亥 卯

年月의 亥卯는 未土 虛字를 引合한다.

□ 己 □ □

□ □ 亥 未

亥未는 卯木 官을 引合한다. 歲月의 용법에서도 마찬가지로 虛字의 성립을 적용한다. 가령,

□ 己 □ □

□ □ □ 亥 <- 卯運

歲月에서 卯를 만나면, 未土의 虛字를 引合한다. 마찬가지로,

□ 己 □ □
□ □ □ 亥 <- 子運

歲月에서 子를 만나면, 丑土의 虛字를 引合한다.

□ 壬 □ □
戌 □ □ 亥 <- 卯運

虛字 未土는 時支 戌土를 보아 일단 刑發로 官이 有力해졌다. 虛字가 刑이 되면 實體로 변화하고, 刑된 實字는 開庫된다고 했다. 따라서 戌未刑은 未土를 온전한 글자로 변모시켜 亥卯未 木局을 이루므로 해당 시기의 뚜렷한 변화를 야기하는 요인이 된다.

□ 壬 癸 □
戌 □ □ 亥 <- 卯運 <- 未

만일 이때 月干 癸水의 글자가 존재한다면 戌土에서 開庫된 戊土는 癸와 合하여 결국 虛字 未土의 출현이 實字 戌土의 器物을 파괴하는 결과를 낳게 된다. 결국 卯運에 나타난 상황을 비유하자면, 먼저 새로운 진로를 열고 이후 당해에 직장을 그만 두는 식의 현상으로 나타나게 되는데, 이 같이 순차적으로 작동하는 命運

의 진행 상황을 두고 단지 卯 傷官의 凶兆로 수용해버리는 학습자들이 많다. 이런 식이면 어떤 때는 맞고, 어떤 경우는 맞지 않는 사례가 속출하게 될 것이다. 이때 命主가 夏月生이라면,

□ 壬 癸 □
戊 □ 巳 亥 <- 卯運 <- 未

戊癸合化로 得財함이 있을 것이다. 이를테면 퇴직금의 수령과 같은 식으로 나타나기 쉽다.

44.

引合하는 虛神이 實體와 같은 效用을 나타내는 두 가지 환경이 있다.

첫째 虛神을 合來하는 글자가 旺氣를 띠어야 한다.

庚 壬 甲 乙
戌 子 申 巳

子年, 子旺으로 午火를 暗沖하여 得財한다.

둘째는 集於一點의 相合 상황이다.

庚 壬 甲 乙

戌 子 申 巳

子年, 丑土를 暗合하고 甲木이 己土를 飛合하니 得官한다.

丑中 己辛을 飛出해 쓰고, 丑戌刑으로 戌土는 沖出한다.

45.

自虛는 休旺의 기틀로 效用을 가린다고 했다.

庚 壬 甲 乙

戌 子 申 巳

拱夾된 亥祿은 申月 旺相期로 有力하다.

庚運과 乙運에는 申月 旺相期로 化現, 得印이다.

46.

方合은 側字가 中字를 자연 拱夾한다.

三合의 側字가 中字를 拱夾하려면 天干이 誘因力이 輔助해야 한다.

庚 壬 甲 乙

戊 子 申 巳

寅運에 午火를 拱夾하지 못한다.

八字에 丙丁火의 化神이 透하지 않았기 때문이다.

47.

合祿, 合馬, 合貴는 마치 蔭德과 같다.

요는 引合하는 實字가 旺氣를 띠어야 效用이 크다는 데 있다.

旺한 實字가 아니라면 運支에서 得令得時할 때 貴顯하고 復興한다.

※ '刑沖會合(BaZi Primer-VI, the kaleidoscope of life)' 참고

合의 貴함을 논할 때는 대개 虛神과 무관치 않다. 이를테면 合祿, 合馬, 合貴 같은 것이다. 六合은 空間圈域의 合으로 河圖의 배열과 가까우니 마치 五運과 같이 보이지 않는 配星의 氣를 띠기 마련이다. 까닭에

八字에서 六合의 대상이 되는 글자가 具備되어 있지 않다면 비록 온전하진 않아도 虛字의 존재를 무시할 게 아니다. 合祿은 八字에 日干 祿의 글자가 없고 이것을 合해 오는 글자가 있는 경우를 말하는 것인데, 이를테면 戊日生은 巳가 祿인데 八字에 巳가 없고 巳와 六合을 짓는 申만 있을 때를 말한다. 合馬 또한 이치가 같다. 驛馬의 글자를 合하는 글자가 있고, 驛馬의 글자는 나타나지 않은 경우다. 合貴는 貴合의 글자를 불러오는 경우다. 가령 甲日生이 丑未를 보지 않아도 子午가 있으면 合貴가 성립된다. 이때 八字에 虛神과 沖이 되는 글자가 있으면 合을 논하지 않는다.

坤命

丙 乙 壬 庚
戌 亥 午 子

合祿이다. 八字에 戌이 있고 卯가 없으며, 卯를 沖하는 酉가 나타나지 않아 合祿이 성립된다.

乾命

戊 庚 甲 己
寅 辰 戌 酉

合馬다. 己酉生이 亥 驛馬를 보지 못했으나 時支 寅을 見하여 合馬가 된다. 또한 日支 辰이 있어 合祿을 말할 수 있으나 年支의 祿塡으로 合祿은 성립되지 않는다.

乾命

辛 庚 庚 庚
巳 午 辰 子

合貴다. 合貴는 陰貴와 陽貴 두 글자를 모두 갖추어야 논할 수 있으므로 실제에서 찾아보기 어려운 命

例의 하나다. 兩貴는 그 자체로 合을 지으므로 八字에 沖의 글자가 존재하는지의 여부를 가릴 바가 아니다.

▶ 合貴

合祿	待接받는 地位에 오른다.
合馬	努力으로 興復, 成業한다.
合貴	貴人의 恩德이 두텁다.

48.

夾貴夾祿夾庫를 得하면 寄格으로 天右神助를 언급할 만하다.

財庫貴人이 夾되면 이를 특별히 貴하게 여긴다.

財神을 飛出해 쓰는 구조라면 가히 興復을 논한다.

庚 壬 甲 乙
戊 子 申 巳

此造는 拱祿格으로 取格할 수 없다.

相合, 扶合의 조건에 부합되지 않기 때문이다.

∴ thinking-10

古人들은 庫의 글자가 拱夾된 것을 특별히 여겼다. 가령 甲寅日 甲子時면 丑庫를 夾한다. 이것은 貴人이자 財로 몹시 有用한 것이다. 이때 八字에 財와 庫位가 塡實되지 않으면 夾丘格, 내지 拱財格이라 稱한다. 乙卯日 丁巳時는 辰土 財를 夾하고, 甲午日 壬申時도 未土 財를 夾하니 拱財로 보기에 무리가 없다. 이상은 모두 淵海子平의 外十八格에 夾丘로 예시된 유형이다. 그런데 문제는 癸酉日 癸亥時를 언급한 부분이다. 拱夾된 虛神, 戌土는 官이지 財가 아니기 때문이다. 후대의 命理家들은 이런 점을 責잡아 夾丘는 하등 이치에 맞지 않는 格으로 매도하기 일쑤였다.

조금만 더 생각해 보면 癸酉日 癸亥時에서 戌土의 夾庫는 財官을 飛出해서 쓸 수 있는 유형임을 어렵지 않게 유추해 낼 수 있다. 時干 癸水가 戊土를 飛合하고, 戌中 辛金이 丙火를 暗合해 오는 현상은 앞의

'Textual-1, 外格' 편에서 충분히 학습한 바 있다.

三明通會에서 인용한 古歌의 夾庫를 논한 대목 또한 마찬가지의 관점에서 살피면 이치를 살피는 데 별반 어려움이 없다.

古歌에는 乙巳生人喜見卯夾辰이라, 乙巳日 己卯時를 언급하고 있다. 淵海子平에는 乙卯日 丁巳時를 말했는데 이 둘의 차이는 무엇인가. 八字에 財, 己土가 있으면 塡實되어 拱財格으로 취할 수 없다고 생각한 까닭이다. 따라서 이 같은 시각에서 보면 乙巳日은 己巳日의 誤記로 볼 수 있다. 그러나 답은 乙巳日이 분명하다. 무릇 時에 財神이 透해야만 財庫의 貴가 發顯되기 때문이다. 또한 自虛는 虛字 자체로만 塡實을 적용한다.

이외 古歌는 "癸酉亥時必發早夾戌, 庚午逢申錦繡文夾未, 丙子寅時多財寶夾丑"로 癸酉日 癸亥時, 庚午日 甲申時, 丙子日 庚寅時의 유형만을 다루고 있다. 이상은 모두 財庫를 夾하는 구조를 띤다.

乙巳日 己卯時	夾辰 財庫
癸酉日 癸亥時	夾戌 財庫
庚午日 甲申時	夾未 財庫
丙子日 庚寅時	夾丑 財庫

결론적으로 夾庫를 특별히 다루면서 日時의 유형을 제한한 연유는 모두 飛合, 飛出의 상황을 염두에 둔 까닭이다. 癸酉日은 戊土를 飛合하여 좋은 것인데 夾戌은 空亡되어 必發早만을 논한 것이다. 庚午日은 夾貴 印綬에 甲이 己를 飛合하여 錦繡文을 강조한 것이고, 또한 乙木 官을 飛出해 쓴다. 丙子日은 먼저 辛金財를 飛出하기에 특별히 多財寶라 했다.

飛出이란 원래 庫地, 虛字의 藏干物을 天干의 相合으로 引出해 쓰는 것을 뜻하는 말이다. 그러나 實字의 藏干物도 飛合하는 형태를 띠면 沖出 이전에 飛出해 쓸 수 있다는 점에서 暗神의 效用을 나타낸다. 그런데 庫는 좋을 때가 있고 그렇지 않을 때가 있다. 八字의 구조가 飛合할 수 있는 유형이면 庫가 아름답게 작용한다. 보통 八字의 財庫에서 透한 財神이 있으면 巨富를 논하기도 하는데, 이때 財神을 飛出해 쓸 수 있는 구조가 前提되어야 참다운 富貴를 논할 수 있다. 古人

들이 따로 財庫를 貴하게 살핀 연유는 바로 財神을 引出해서 쓸 수 있는 구조와 더불어 官印의 貴氣를 飛出하는 유형을 염두에 두고 논한 까닭이다.

한편 柱中에 自庫나 財庫, 官庫가 있는 것은 運에서 入墓 상황을 야기하여 불리하게 작용하는 요소로 볼 수도 있다. 그래서인지 전해지는 因緣法에도 自庫, 財庫, 官庫가 있으면 이를 刑沖하는 글자의 '띠'가 配緣이요, 吉緣이라는 說이 있다. 어쨌든 墓庫의 글자를 살필 때면 먼저 飛合, 飛出을 염두에 두고 판단해야 한다.

庚 丁 丁 丁
戌 酉 未 未

坤命, 丁未生은 庚金이 乙木을 飛合하여 木庫 印綬의 飛出로 現發한다. 此命은 甲辰生을 配緣하여 自庫의 凶意를 덜었다.

49.

納音五行은 八字에 부족한 五行의 氣를 補한다.

納音五行의 氣는 自虛로 旺相한 계절을 얻어야 有用해진다.

運에서 太歲의 納音도 旺相氣를 얻으면 六神의 대상을 능히 取得한다.

集於一點의 相合이나 氣集의 구조에서 또한 效用이 있다.

가령 戊子의 火氣가 현저한 현상은 納音五行이 相合하는 작용과 무관치 않다.

庚 壬 甲 乙
戊 子 申 巳

八字에 상대적으로 微弱한 五行은 木과 火인데 申月로 納音五行의 補氣를 기대하기 어렵다.

壬子 桑柘木은 甲乙木의 氣集으로 의미가 있고, 乙巳 覆燈火는 失時하여 쓰임이 없다.

※ '八字術必殺技(Deathblow)' 참조

納音 六十花甲子

✍ 納音五行이란 音의 五行으로 數로써 音을 붙이고 이치로써 象을 취하여 五行의 성정과 형질의 변화를 밝힌 것으로 한마디로 氣의 五行을 말하는 것이다. 納音의 구조나 원리에 대한 자세한 설명은 鍾進添의 命理大鑑에 비교적 자세히 설명되어 있다.

旬										
一旬	해중금		노중화		대림목		노방토		검봉금	
	海中金		爐中火		大林木		路傍土		劍鋒金	
	甲	乙	丙	丁	戊	己	庚	辛	壬	癸
	子	丑	寅	卯	辰	巳	午	未	申	酉
二旬	산두화		간하수		성두토		백랍금		양류목	
	山頭火		澗下水		城頭土		白蠟金		楊柳木	
	甲	乙	丙	丁	戊	己	庚	辛	壬	癸
	戌	亥	子	丑	寅	卯	辰	巳	午	未
三旬	천중수		옥상토		벽력화		송백목		장류수	
	泉中水		屋上土		霹靂火		松柏木		長流水	
	甲	乙	丙	丁	戊	己	庚	辛	壬	癸
	申	酉	戌	亥	子	丑	寅	卯	辰	巳
四旬	사중금		산하화		평지목		벽상토		금박금	
	砂中金		山下火		平地木		壁上土		金箔金	
	甲	乙	丙	丁	戊	己	庚	辛	壬	癸
	午	未	申	酉	戌	亥	子	丑	寅	卯
五旬	복등화		천하수		대역토		차천금		상자목	
	覆燈火		天河水		大驛土		釵釧金		桑柘木	
	甲	乙	丙	丁	戊	己	庚	辛	壬	癸
	辰	巳	午	未	申	酉	戌	亥	子	丑
六旬	대계수		사중토		천상화		석류목		대해수	
	大溪水		沙中土		天上火		石榴木		大海水	
	甲	乙	丙	丁	戊	己	庚	辛	壬	癸
	寅	卯	辰	巳	午	未	申	酉	戌	亥

▶ 納音速知法

① 먼저 納音五行數를 암기한다.

→ 1은 木, 2는 金, 3은 水, 4는 火, 5는 土

② 干支수를 암기한다.

→ 甲乙은 1, 丙丁은 2, 戊己는 3, 庚辛은 4, 壬癸는 5
→ 子午丑未 1, 寅申卯酉 2, 辰戌巳亥 3

③ 干支數를 合計하면 納音五行數가 된다.

→ 合한 數가 5를 넘으면 5를 뺀 나머지 숫자를 納音五行數로 본다.

drill .36

金日成
[乾]
壬 辛 甲 壬　甲辰 覆燈火
辰 酉 辰 子

甲辰 月柱의 납음은 覆燈火로 納音五行은 火. 이로써 명식에 不在한 五行上의 火氣를 보완하며 中和를

이룬다. "納音은 氣를 補한다", 이 점은 八字術의 고수들이 즐겨 구사하는 대목이다. 甲辰 白虎를 沖 당하는 1994年 甲戌年에 日支 酉金마저 羈絆되어 死亡하였다.

※ 八字의 辛과 壬이 각각 丙丁火를 相合하는 구조로 納音五行의 效用을 높힌 것이다.

drill .37

요한 바오로 2세(Johannes Paulus II)

[乾]

庚 丙 辛 庚　　庚申 - 石榴木　庚子 壁上土

子 子 巳 申

命式에 不在하는 五行의 기운은 木과 土. 庚申의 石榴木과 庚子의 壁上土로 五行을 具足시키고 있다. 年月柱의 庚申과 辛巳는 納音五行上 金克木의 相剋 구도로 청년기 순탄치 않은 삶을 예고한다.

※ 庚申 納音은 相合하는 구조로, 庚子 納音은 계절의 旺相함을 얻어 效用이 높다.

drill .38

李連杰 (Jet Li)

[乾]

戊 己 丙 癸　癸卯 金箔金

辰 亥 辰 卯

癸卯 金箔金의 納音 五行 氣運으로 命式에 不在하는 金의 氣運을 補하고 있다. 'dragon fight'에서 같이 출연한 '리지'와의 스캔들로 전부인과 이혼하였다. 1998년 '리셀 웨폰 4'로 헐리우드에 진출한다.

drill .39

벤구리온 (Ben-Gurion, David)

[乾]

庚 己 戊 丙　戊戌 平地木

午 酉 戌 戌

命式에 不在하는 木, 官의 기운을 戊戌의 納音五行, 平地木으로 補하고 있다. 1933年 국제 시오니즘의 최고 감독기관인 시오니즘 집행위원회(Zionist Executive)

에 들어가 2年 후에는 위원장이 되었고, 1948년 5月 이스라엘 공화국 성립과 함께 총리가 되어 1953年까지 그 지위에 있었으며, 1955年에 다시 총리가 되었다.

drill .40

베리만 (Bergman, Ingrid)

[坤]

辛 壬 甲 乙

丑 辰 申 卯

1944年에 '가스등'으로 아카데미 여우주연상을 수상하여 1940年代 미국영화를 대표하는 스타가 되었다. 1950年 卯申 鬼門을 沖하는 庚寅年에 男便과 딸을 버리고 이탈리아 영화감독 로셀리니와 결합하여 미국 영화계의 비난을 받았다. 결혼하지 않고 낳은 딸이 바로 '이사벨라 로셀리니'다. 그 후 그와 이별하고 1956年 '追想'으로 미국 영화계에 복귀하였으며 이 작품으로 두 번째 아카데미 여우주연상을 수상하였다. 1982年 辰土 墓庫를 白虎의 글자로 沖하는 壬戌年에 獨身의 생을 마감한다. 此命에는 生官하는 火의 기운이 부재

한다. 그것을 虛字나 納音五行으로도 보충하지 못하므로 孤를 면키 어렵다. 사후 팬들에게는 그녀가 매번 사랑할 때마다 목숨을 걸었던 사랑의 화신으로 기억되었다. 그녀는 자신의 시간을 온통 새로운 연인에게 내어주고, 그 다음엔 웃음을, 미래를, 몸을, 정신을 주었다.

合化와 納音 五行은 별달리 塡實에 구애받지 않는다. 拱夾을 포함한 自虛는 塡實로 쓰임이 사라지는 게 아니기 때문이다. 오히려 命中 같은 五行의 글자를 보게 되면 氣集하는 구조가 되어 더욱 有力해지는 현상을 나타낸다. 예컨대 天干의 誘因力 같은 의미와 흡사하다. 까닭에 會局이 야기하는 虛字 또한 自生의 범주로 구분할 수 있다. 이러한 自虛는 일반적으로 暗沖暗合으로 合來하는 虛神과 달리 塡實을 적용하는 관점에서 극명한 차이를 나타낸다. 다시 말해 塡實運에는 虛神 고유의 屬性에 따라 流失되지만, 성립 단계에서는 天干 化神에 의해 한층 강렬해져 마치 實字와 같은 역할을 수반하므로 잘 가려 취해야 한다.

종합하면 自虛는 拱夾, 會印(夾), 그리고 合化와 納音 五行으로 정의할 수 있다. 이때 會印은 八字 天干

에 透한 十神에 작용력을 미친다는 점에서 특히 중요하다. 가령 月令을 잃어 財官이나 食財가 無力한 구조라 해도 拱夾으로 合局을 성립시키면 用神의 變化를 기대할 수 있다는 얘기다. 또한 易으로 自虛는 해당 五行의 實字가 合去되는 시점에 無力해지는 양상을 띠기 쉽다.

50.

實字와 虛字는 動作 次元이 다르다.
滴天髓에 影響遙繫既爲虛라 했다.
影響遙繫가 모두 헛된 것은 實字에 한정된 말이다.
虛神은 河圖, 空間에서 作動한다.

庚 壬 甲 乙
戌 子 申 巳

申과 戌을 酉印을 夾한다.
夾酉는 化神 庚金을 보아 有力하다.
이로써 金旺의 氣勢는 더욱 强烈해진다.
酉運에 虛神 酉金은 자연 消滅된다.
이때는 대략 印綬의 先失後得으로 시현된다.
卯運에 虛神 酉金은 작용하지 않는다.

乙巳生의 酉金, 虛神은 實字 食傷의 病으로 작용한다.

虛實은 각기 상호 작용으로 복잡한 인생사의 변화를 반영한다.

이와 반대로 虛神을 품어 吉神이 旺氣를 띠게 되면 福祿이 몹시 두터워진다.

Outro [虛實互換]

무릇 珍貴한 보배는 감추어져 있기 마련이다.

예컨대 戊가 癸를, 丙이 辛을, 壬이 丁을 보이지 않게 품는다.

그러나 드러나지 않는 寶物이 무슨 소용이 있으랴.

戊가 壬을, 丙이 庚을, 壬이 丙을 갖춘다면 癸辛丁, 虛神들의 幾微가 보일 것이다.

이것이 氣集의 感應이다.

戊가 丁을, 丙이 乙을, 壬이 辛을 갖춘다면 癸辛丁, 虛神들의 낌새를 엿볼 수 있다.

이것이 相合의 感應이다.

이상은 모두 氣가 形으로 변모한 것이다.

藏干의 暗神은 氣集, 飛合의 感應으로 飛出해서 쓸 수 있다.

이는 실로 珍寶와 같다.

干支가 呼應하면 하나의 과녁으로 많은 화살이 모일 것이다.

이것이 氣의 化現이고, 虛神이 實字로 변하는 이치다.

實字로 변모한 虛字는 또한 實字에 영향을 미친다.

이는 마치 奇蹟과 같다.

Appendix [三命通會, 卷六]

雜取各格

壬騎龍背

'喜忌篇'雲 : "陽水疊逢辰位, 是壬騎龍背之鄕。" 此格以壬日坐辰, 壬以丁爲財, 己爲官, 壬用支辰暗沖戌中丁、戊, 壬日得財官之貴, 柱中須辰多方能沖起, 再得一寅字合住財官爲妙, 不宜財官顯露, 喜行身旺及傷官、食神運, 忌南方財官之地。柱有丁巳午戌, 只作財官論, 若壬日坐寅, 柱中辰多, 亦取此格, 以壬食甲、甲合己爲壬官, 甲生丁爲壬財, 辰能沖戌, 寅以合之爲貴。若壬辰日, 年月時皆寅午火局, 財生旺得地,財多不淸，只爲富命。雙曰：壬辰日取辰多，暗沖起戌中火土金爲財官印三奇，若三辰一寅爲沖合貴氣，有力，若壬辰日年月時皆寅，力輕，卻用寅中甲木爲食生財，故主富。

柱中宜見醜未爲貴，大怕己官、戊煞、乙傷、丁合不入格，縱辰多亦減分數，忌北方亥子運。又曰：壬辰爲魁罡日，宜身旺，怕見財官，休否以運參詳，若柱中全見申子，當以潤下格論，運戊己，辰戌又沖，歲運並臨，吉中反禍，此爲騎龍走沖，不成格也。一命：己醜、戊辰、壬辰、庚子，甲子擧人，戊辰年乙卯月死，正是己官煞太旺，克壬爲凶。

時曰：壬辰日誕號騎龍，飛出官星在對沖，四柱辰多官爵顯，寅多卻作富家翁。又：陽水多逢辰字鄉，壬騎龍背貴非常，柱中俱有寅辰字，富貴雙全在廟堂。又：壬騎龍背喜非常，辰多寅字轉發揚，大忌官星來破格，災刑須見壽元傷。

子遙巳祿

'喜忌篇'雲：甲子日再遇子時，畏庚辛申酉醜午，此格以甲子日甲子時，甲以辛爲官，二字中癸水能遙合巳中戊土，戊來合癸，畏子上甲木克制，不敢來合，戊與丙同居巳宮，丙戊爲父子，戊動丙亦動，丙卻與酉中辛相合來克甲木，甲日得官星，戊方得合癸，是謂巳酉醜三合會起官星局，年月大怕有午衝子、醜絆子，不能遙矣。又曰：此格以二子中癸水遙合巳中戊土爲甲之財，丙戊祿同在巳，丙是甲之爵星，戊是丙之爵星，戊動丙亦動，丙見子戊貪合癸妻爲印綬，丙卻合起辛金爲岬之官，如人有子繼其後，傳其家，以成父道之尊貴。喜生壬癸亥子月印旺，卯寅月身旺，行官旺鄕，必主登科食祿，權貴濁富。忌見庚辛丙字明露，申酉巳字破格，如有制化，亦不爲害。柱有醜午絆沖，則減分數。歲運同。若生酉醜月，只作正官格，取虛露庚字，亦主富貴，全看月令何如，或可煞生印助，若成此格，須忌尤怕南方運。如樊繼祖尚書：庚子、己卯、甲子、甲子，眞此格也。經雲：甲子逢合祿，終身須富足。

時曰：甲子日逢甲子時，遙合官祿貴無疑，醜絆子沖官煞顯，福不爲祥祿亦遲。又：子來遙巳細沈吟，甲子還將甲子尋，癸向巳中邀戊土，丙來酉上合辛金；暗忻申酉三六合，明怕庚辛二癸侵，醜午不逢高格論，登科及第宴瓊林。

추요사록
醜遙巳祿

희기편 운 신 계일다봉추지 불희관성 세시봉
'喜忌編'雲：辛、癸日多逢醜地，不喜官聖，歲時逢
자사이궁 허명허리 차격지유신추 계추이일 신이
子巳二宮，虛名虛利。此格只有辛醜、癸醜二日，辛以
병위관 계이무위관 병무록재사 유추능파사 주중
丙爲官，癸以戊爲官，丙戊祿在巳，惟醜能破巳，柱中
다봉추지 즉병무지록출 신계요합득관성 기견자반
多逢醜地，則丙戊之祿出，辛癸遙合得官星，忌見子絆
미충 사자전실 불과허명허리이이 세운동론 신추
未沖，巳字塡實，不過虛名虛利而已，歲運同論。辛醜
일선생추월 계추일선생동월 주중금수다방합차
日宣生秋月， 癸醜日宣生冬月， 柱中金水多方合此
국 재견신유 득일합주사자 불치귀기주출위묘 무
局，再見申酉，得一合住巳字，不致貴氣走出爲妙。無
병정사오 신일지순수 무무기사오 계일지순수 재
丙丁巳午，辛日之純粹，無戊己巳午，癸日之純粹，再
무충반 위인순후 부귀쌍전 약견손상 역주부족
無沖絆，爲人淳厚，富貴雙全，略見損傷，亦主富足。
약생진술추미월 당이잡기취용 봉묘진신유해시 역
若生辰戌醜未月，當以雜氣取用，逢卯辰申酉亥時，亦
불작차격 여신일생병인 병오 병술월 지이관성
不作此格。如辛日生丙寅、丙午、丙戌月，只以官星
논 여생갑인 이목취화 가용재관 계일토다 이관
論，如生甲寅，以木取火，可用財官。癸日土多，以官

煞論，見癸亥時，以拱祿論，生金旺月，以印綬論，生火旺月，以財星論，如生甲寅月，傷官不妨，宣行官星得地及身旺運，多貴。此格與辛亥、癸亥飛天祿馬大同。經雲：辛癸日合祿，平生富有餘。

詩曰：辛日癸日多逢醜，名爲遙巳合官星，莫言不喜官星旺，誰信官來反有成。又：辛醜癸醜二日幹，醜能破巳巳藏官，醜字多見方爲妙，不宣子字住中間。又：辛癸無官衆醜遙，　巳中丙戊祿來朝，　支元喜見酉申合，人格應須貴祿饒；辛忌丙丁兼巳午，癸嫌戊己馬蛇梟，子來絆醜心眞懶，格局如輕福亦消。

沖合祿馬

如甲日生人，柱無酉辛醜，有卯多沖酉，巳酉合醜爲甲日正官，喜壬癸生助，忌酉辛塡實，若止一卯字，再有刑合起亦爲好命。 乙日生人柱無申庚， 卻有寅沖申，子辰合拱或巳刑出，爲乙正官，喜壬癸生助，忌申庚塡實。戊日生人柱無卯乙，卻有酉沖卯，亥未合卯，戊得官星，喜壬癸財、丙丁印，忌見卯乙。己日生人柱無寅甲， 卻有申沖寅， 午戌合寅卽暗有官星， 喜財、印，忌見寅甲。丙丁二日卽倒沖祿馬格，庚辛壬癸四日卽飛天祿馬格，以例推之。以上四幹沖合，皆忌官星明露及受傷，月令得官乘旺爲妙，沖神遇合，不逢羈絆，必登淸貴將相公侯，缺一則減分數缺一則減分數，破則近貴衣食，甚者貧乏，歲運喜忌同。

'巫寶經' 雲：乙用庚與申爲夫， 柱無， 卻有子辰二字， 則能合起申中之庚爲乙官星， 有此不必再要寅字去沖，有寅更妙，柱無子辰，乃取沖出。甲寅、乙卯、丙午、丁未、戊午、己未、庚申、辛酉、壬子、癸亥，以上十日本身健旺，沖祿元最緊，壬辰、壬戌、戊辰、己醜，沖祿則慢，其餘幹不用（如明神宗：癸亥、辛酉、癸亥、辛酉，主本癸亥健旺，沖出巳中丙戊祿馬爲癸用，卻得二酉合住爲妙。

破官

四柱元無財官印綬，卻有破官之辰，如癸卯日破出午中己土爲官，癸酉日破出辰中戊土爲官，甲午日破出酉中辛金爲官，柱中須得一字三合合柱貴氣爲妙。'元理賦'雲：卯破午，午破酉，財官雙美。又雲：年日支無破官之辰，月時支有破官合官之辰，主貴。如甲寅日無破寅，月逢丙午，時臨己巳，此取午破酉中辛官，有巳合之，又用巳中丙戊合辛，爲貴。詩曰：卯破午未有大官，午未破酉一般看，醜破巳午不爲例，子破卯辰用不難。

飛財

日幹同月幹，日支同時支，沖出對宮之財是也。得此格當發財祿，忌洩氣，凶。如壬申日生，時支亦申，二申沖出寅中甲丙爲財爲用，歲運遇子則化成水局水。如日幹是庚被局，洩氣傷官，不能生財，歲君、柱內再逢七煞克身，必死。蓋飛財格，支辰不可變化他局故也。如戊寅、己未、戊寅、甲寅，三寅一甲七煞，六月全無財氣，比肩甚旺，卻得三寅沖出申中長生之水爲財寅，運行西北，資財巨萬。

破財

此格如乙卯日生，八字不見財官，用卯字破出午未中己土爲財用，要寅、戌一字暗合財氣爲妙，忌劫財塡實，但有財位及塡實，沖位便破不行矣。如庚申、辛酉日破寅卯辰之木爲財，丙午、丁未日破酉戌之金爲財，壬子、癸醜日破巳午中之火爲財，此數日本日刃日祿本體自强，故可衝破取財爲用，其餘日主柔弱，豈能破奪橫來財乎。合此格者，多能橫發取不意之財。詩曰：命裏無財看破財，破來財祿似山堆，運行官印多多福，卻怕刑沖塡實災。又：卯破午未取財看，午未破酉總一般，醜破巳午財來廣，酉破辰卯福不難。

虎午奔巳

此格乃辛癸日見醜寅，取寅刑、醜合，刑合出巳中丙戊爲辛癸官星，更得一酉字合貴爲妙，有刑無合，祿不能住，柱見申巳，卽不人格。如壬戌、辛亥、辛醜、庚寅，甲戌、辛未、癸醜、甲寅，二命合格爲貴。詩曰：

辛癸日生歲月時，　若逢寅醜便爲奇，　寅刑醜合巳中祿，此是功名福貴基。

羊擊猪蛇

此格乃辛未、癸未二日，以二三未字合起亥字，沖出巳中丙戊爲辛癸之官，　柱有酉醜一字合住貴氣爲妙，怕塡實沖刑。如甲戌、辛未、癸未、癸醜，庚申、癸未、辛未、乙未，二命合格，俱貴。詩曰：羊擊猪蛇格最强，日逢辛癸未相當，柱中逢酉申字，合祿無傷人廟當。以上諸格，須柱中無財官方用，有則不取。

六陰朝陽

'喜忌篇'雲：六辛日，時逢戊子，嫌午位，運喜西方。此格六辛日爲主，辛以丙爲官星，以癸爲壽星，喜戊子時，以戊合癸，子乃辛之生地，戊祿在巳，戊來印辛，戊乃丙之子，丙見戊印辛，丙卻生戊合辛，爲貴，辛日得官星也。柱中只宣子字一位，多則不中，怕午沖醜絆，則陰不能朝陽，丙巳塡實，運行西方金旺之地故喜，東北財傷次之，南方死絶則忌。此格只宣生申辰亥卯未酉月，若生四季，以印綬論，丙午、丙寅、丙戌月以財官論，甲寅、乙卯月只以財論。月令爲主，行運不拘南北，身旺爲妙，若成此格，多名勝於財，爲人高亢，傷妻害子，如犯上忌，貧薄。秘訣雲：辛日子時，忌行火地，西北行來則吉，東南一去憂凶。古歌雲：辛逢戊子號朝陽，運喜西方祿位昌，醜午丙丁無出現，腰金衣紫入朝堂。又：辛日生時逢戊子，戊來動丙作辛官，六陰金合朝陽格，富貴基是不難；子宮只宜得一位位，若連醜位福還慳，丙丁巳午俱無跡，運向西方利不凡。又：朝陽行運喜西方，臨到東方也吉昌，最怕北方多不吉，南離衝破主災殃。

六乙鼠貴

'喜忌篇'雲：陰木獨遇子時，爲六乙鼠貴之地。乙以子申爲貴神，獨遇子者用鼠不用猴也者用鼠。乙用庚金爲官星，得丙子時，以子上丙火遙歸巳中本祿，巳來合申，申來動子，是謂申子辰三合會貴，謂申中帶將庚來，乙日得官星，用申時則官星顯露，所以不取。若子字多，謂之聚貴，尤妙。年月中有午沖醜絆，則子不能遙祿，申庚爲官露，西辛爲煞露，被丙傷，子反不中矣。歲運同。此格要月通木局，日下支神皆是木旺支地，浮水印亦可，忌見金火，若歲運逢申酉，凶悔，東方漸退，午運則亡。如一命：壬寅、辛亥、乙未、丙子，合格，若乙丑日絆子，乙酉日煞傷，則減分數，一子字怕見卯刑醜絆，多則不妨，透辛字不旺，再有丙丁合克，丙合辛化水，運順行不傷貴。如己醜、丙子、乙卯、丙子，兩子夾一卯；丁巳、壬子、乙丑、丙子，兩子夾一醜，雖犯上忌，卻是交夾貴中生，故皆大貴。

若生夏令，只以傷官論。生七八月，貧下。如得庚申月，運北地，卻以官論。生四季，有財庫，喜水局、傷官、食神、南運，亦吉。凡月令見財官印旺，卽以財官取用，不以午衝子爲禍。如合鼠貴，柱有未合午，略有損壞，富而虛名。'相心賦'雲：六乙鼠貴，遇午沖而赤貧如洗。

詩曰：乙木生臨丙子時，要無午破卯刑之，四柱不逢申酉醜，管教年少拜丹墀。又：乙日生得子時，名爲鼠貴最爲奇，切嫌午字來衝破，辛酉庚申總不宣。又：六乙生人時遇子，既帶官星復用此，庚申辛酉馬牛欺，一位逢之爲丐子。

日祿歸時

'喜忌篇'雲：日祿歸時沒官星，號青雲得路。此格有七日：甲寅、丁午、戊巳、己午、庚申、壬亥、癸子，日主之祿歸於時位，喜日幹坐旺、印綬生、月透財元、傷食、天月二德，主大富貴。忌刑衝破害、空亡死絶、及劫財分祿、倒食作合、官殺克制，雖可取用，亦不純粹。歲運同。如乙日見己卯時，是時上偏財；丙日見癸巳時，是官星顯露；辛日見丁酉時，是時上偏官，不作歸祿格看。四柱何如？若月有官星或天干透財官，只作財官論；若時支歸祿，年月時支亦有祿，謂之聚福歸祿，又謂五行歸祿；若日祿歸時，時祿歸日，謂之互換祿；若年祿歸時，時祿歸年，如甲申見庚寅、乙酉見辛卯、壬午見丁亥、癸亥見壬子等類，俱主大貴享福；若重見祿位，如甲日寅時，又生正月，財官俱弱，只作建祿看；若月日天元同而止有時祿，謂之分祿，便爲無用，若各自歸祿，卻又不妨。此格有七法，一曰青雲得路，如戊子、甲寅、乙亥、己卯，柱中無一點官星，身旺得局，有印生助，雖子刑卯祿，不能破局，故貴。又壬午、庚戌、壬子、辛亥，身旺印助，登戊辰進士，爲刑部郎中，作雜氣格論尤是，故丁醜運戊辰科，醜刑辰沖故也。二曰官星坐祿，如丙申、丙申、丙申、癸巳，丙以癸爲正官，生七月金鄕有托，運行西北官生旺之鄕，丙臨申無氣，三丙相倚，沖寅長生，癸官臨巳，用神坐貴，得財官雙美，故少年及第，中年拜相。三曰歸祿逢二德，如辛亥如、辛卯、甲寅、丙寅，甲專祿，而得丙寅爲食會祿，甲爲月德，月令辛卯爲甲正官，辛逢二月無氣，二寅中丙合去二辛，止有二寅爲甲之祿，月德逢歸祿，乃平章輔國英雄。四曰歸祿逢印綬，如丙戌、癸巳、戊午、丁巳，柱無一點官星，丙丁印戊，日時祿互換，午戊己俱是火地印綬，生身太旺，運行西方食神傷官之地生財，癸與戊合化成火象，所以少年登第，官至三品。五曰歸祿逢傷官，大忌見官，如壬辰、乙巳、己亥、庚午，己坐亥有甲爲官，得巳沖去，有乙爲煞，得庚合化爲眞金傷官，用壬爲財，坐庫，歸祿日下，運行南方身旺，西方金旺，傷官去煞，生出財氣，有用，英靈秀實之貴也。六曰歸祿逢煞，如甲申、丙寅、戊申、丁巳、戊坐申自生，年幹透甲爲煞，歸祿於寅，二申制之，戊歸祿時地，無官混雜，所以掌握兵權，威鎭邊疆。七曰歸祿逢財，如己亥、丙寅、丁醜、丙午，自坐財庫，丙奪財，亥中壬制，寅與亥合，運逢官煞，比肩强旺，可以勝任，己土食，歸祿干時，制其官煞，運行戌酉申，俱財旺地，故貴。‘元理賦’雲：歸祿得財而獲福，無財歸祿亦須貧。又雲：日祿歸時，四柱歲運皆不喜官星，有刑害，其福減半。詩曰：日主生歸時祿逢，無沖無刑不落空，官煞不臨財印旺，傷食身健祿千鐘。又：六甲生人祿在寅，若逢官曜貴難伸，身無健旺忻生印，祿有多餘愛食神；若遇相沖災必至，忽遭克破福無因，流年大運皆同論，富貴尊崇壓衆人。

拱祿拱貴

'喜忌篇'雲：拱祿拱貴，塡實則凶。拱，向也，夾也。祿是臨官之祿，貴是官星之貴，或指天乙貴人。拱祿有五日五時，癸亥、癸醜，癸醜、癸亥拱子祿：丁巳、丁未，己未、己巳拱午祿；戊辰、戊午拱巳祿。拱貴有五日五時，甲申、甲戌拱酉，乙未、乙酉拱申，是官貴；甲寅、甲子拱醜，戊申、戊午拱未，辛醜、辛卯拱寅，官貴兼天乙貴。凡拱格，須日時同幹，貴祿與月令通氣，運行身旺及貴祿旺地，方大好，印綬、傷官、食神、財運，亦吉。忌刑衝破害，羊刃七煞，傷了日時，拱不住貴氣。大忌塡實、空亡，譬如器皿空則能容，實則無用，所以只宜虛拱；完則能盛，破則無用，所以怕見空亡。歲運同。賦雲：祿重位顯，定知夾祿之鄉，假如癸醜見癸亥，拱子位，癸祿生秋冬，祿重有氣，如戊子見甲寅，亦拱醜貴，然戊受甲克，豈能拱之？餘以例推。‘三命’雲：夾祿夾貴，必居入座之尊。‘景鑒’雲：拱祿拱貴，純粹者王侯之倫，塡實者虛名虛利，無財印不喜傷害，忌官殺，又怕空亡。詩曰：日時雙拱祿中庭，金匱藏珠格最淸，至貴至高君子命，無憂無慮到公卿。又：虛拱貴神兼祿位，不逢塡實及空亡，沖刑羊刃並七煞，破財官星不可當。又：拱祿拱貴格中稀，也須月令看支提，提綱有用提綱重，月令無神用此奇。

沖祿

此格如庚祿申，柱中無申，得庚寅日，年月時再有寅字，並沖申爲庚之祿。甲祿在寅，柱中無寅，卻得甲申日，年月時再有申字，並沖寅爲甲之祿。大忌丙傷庚、庚傷甲，塡實祿位則不貴。餘例推。如己巳、丁醜、庚寅、戊寅；辛巳、乙未、甲申、壬申；乙卯、甲申、辛卯、辛卯，三命合格，貴。

六壬趨艮

此格乃六壬日見甲寅時，合出亥中壬祿，卽暗祿格。經雲：明祿不如暗祿是也。己亥字塡實，怕沖刑克破。壬寅、壬辰二日爲正，見寅字多者大富，以寅中甲木食神生丙火長生之財，財旺生官，故美。忌官煞損身，申庚傷甲，不能生財，爲凶。又曰：壬日多見寅字，用寅中甲木暗邀己土爲壬官星，寅中丙火暗邀辛金爲壬印綬，怕午合申沖，忌財官塡實，喜身旺地，歲運同。口訣雲：六壬趨艮，逢亥月必貧。'相心賦'雲：六壬趨艮，智足多仁。'眞寶賦'雲：六壬趨艮，透財印爲奇，官煞來侵，反爲貧窮下賤。

六甲趨乾

此格乃六甲日見亥。亥，天門之位，北極之垣，甲木賴之長生。又亥能合出寅中本祿，與趨艮同。忌寅字塡實，巳字刑沖。又曰：甲見亥時，亥有壬祿爲印，喜見辛金生印，不喜見財，柱有卯合亥，卽不能合寅中祿矣，若身弱遇巳酉醜局，金神太多，歲運重見，生災。'相心賦'雲：六甲趨乾，主仁慈剛介心平。'眞寶賦'雲：六甲趨乾，透印綬爲佳，財星疊見，位列名卿。'千里馬'雲：壬趨艮，甲趨乾，淸朝名士。詩曰：趨乾六甲最爲奇，甲日生人得亥時，歲運若逢財旺處，官災患難來尋之，詳詩與賦，有忌財喜財不同，余見透印忌

재 신왕희재
財，身旺喜財。

재관쌍미
財官雙美

계선편 운 육임생임오위 호왈록마동향 계일좌
‘繼善篇’雲：六壬生臨午位，號曰祿馬同鄉，癸日坐
향사궁 내시재관쌍미 록즉관 재즉마 이구동일의
向巳宮，乃是財官雙美。祿卽官，財卽馬，二句同一義
야 임이정화위재마 기토위관록 구록어오 계이병
也。壬以丁火爲財馬，己土爲官祿，俱祿於午；癸以丙
화위정재 무토위정관 구록어사 인명록마재관 난
火爲正財，戊土爲正官，俱祿於巳。人命祿馬財官，難
득겸전 황자좌지하 소이위귀 희추생금왕영생목
得兼全，況自坐支下，所以爲貴。喜秋生金旺永生木
사 불능극토 고위원해 약견인묘왕즉수이부실 동
死，不能克土，故爲遠害。若見寅卯旺則秀而不實，冬
생현무당권 귀위왕후 여주유재관 갱득차이일생
生玄武當權，貴爲王侯。如柱有財官，更得此二日生，
우묘 여기추 정묘 임오 계묘 년월투출정기 귀
尤妙。如己醜、丁卯、壬午、癸卯，年月透出丁己，歸
록일하 합차 대귀 낙녹자 운 록마동향 불삼태
祿日下，合此，大貴。‘珞錄子’雲：祿馬同鄉，不三台
이팔좌 우운 매견귀인식록 무비록마동향시야 갑
而八座。文雲：每見貴人食祿，無非祿馬同鄉是也。甲
술 을축 을사 병신 정추 무진 기해 경인 신
戌、乙丑、乙巳、丙申、丁醜、戊辰、己亥、庚寅、辛

未、壬戌、癸未，此數日支內自藏財官，亦是祿馬同鄉，經獨取壬午、癸巳二日，以壬癸所坐正財正官，餘則或偏或正，不純一故也。類推之類推之，甲戌、乙丑二日，喜金土月分富貴，但金氣不可太多，恐傷身盜氣，若無官貴，必發財富。丙申、丁醜二日，生金木月貴，惟忌土重，若會起土克官，主富。己亥日宣生四季月，或有倚托相生爲吉。庚寅日喜見火，宣生冬至後一陽生火旺之時，主貴，若得金剛火强煉成鋒刃之器，秋生逢火尤佳，唐太宰丙午、庚子、壬午、丙午，壬日生子月身旺，沖起年幹丙字，二丙同窠，卻沖去日庚梟食，庚既受沖克，則避丙就本日午上，時幹丙就月支子，壬是庚之子，就時幹午，變成丙午、丙子、庚午、壬午，皆祿馬同鄉，又爲水火既濟，又名六壬移換，故主大貴。大凡大貴命合三二格局取之，左右逢源，不可以格多爲雜，如淵源之說。古歌曰：祿馬同鄉無克奪，財官同處最爲榮，　三台八座眞奇貴，　克奪如强欠利名。

日貴

日貴者，自坐天乙是也。此格只有四日：丁酉、丁亥、癸巳、癸卯，主爲人純粹，有仁德，有姿色，不傲物氣高。貴氣聚於日，更有財食印相助，貴氣爲福。喜三六合宅墓合，行貴人財旺運，發福。大忌刑衝破害空亡，運行再遇前忌，太歲可會，更見魁罡，定主貧夭。若別成格，不論。日貴須分晝夜，日生要癸卯、丁亥，夜生要癸巳、丁酉，日夜不皆爲得體。經雲：貴人者慈祥愷悌之號，德性尊重之名，遇財官印食則吉，値煞刃沖刑則凶，運遇魁罡，爲害不淺。古歌曰：生日天干坐貴支，若見魁罡福不齊，年逢月祿不爲喜，日貴重逢奇又奇。又：日德日貴主慈祥，財官印遇福榮昌，刑沖煞刃如來見，反吉爲凶不可當。又；癸臨蛇兎是英奇，丁向猪鷄一例推，切忌魁罡分晝夜，更防刑害失尊；運行嘉會名須重，命帶空亡禍必隨，貴重尊嚴持厚德，或逢前戒凶無疑。

日德

此格止有五日：甲寅、丙辰、戊辰、庚辰、壬戌，取甲丙戊庚壬五陽幹，甲坐寅得祿，丙坐辰官庫，庚作辰財印兩全，壬坐戌三奇俱備。寅爲三陽之首，辰戌爲魁罡之地，干支異於別位，故名日德也。若合日德，主爲人性格慈善，體貌魁梧，有憐貧敬老之心，無毒害克剝之意，逢凶有救，遇難有解，不遭非橫，福必豐厚。賦

운 일덕심선다온후 이작사자상시야 운임신왕 대
雲：日德心善多穩厚，而作事慈祥是也。運臨身旺，大
시기절 약왕기이쇠 행우괴강필사 혹미급발복 격
是奇絶，若旺氣已衰，行遇魁罡必死，或未及發福，格
국기호 운지괴강 필생화환 일탈호차 역능재발
局既好，運至魁罡，必生禍患，一脫乎此，亦能再發，
종력미 차격지일위 희재관 일덕중첩 불선견재
終力微。此格只一位，喜財官，日德重疊，不宣見財
관 급형충파해 공망 괴강회합가임 개
官，及刑衝破害及刑衝破害，空亡、魁罡會合加臨，皆
위대기 시왈 임술경진일덕관 갑인무병요기룡 운
爲大忌。時曰：壬戌庚辰日德官，甲寅戊丙要騎龍，運
봉신왕심자선 일덕거다복자풍 우 일덕불선견괴
逢身旺心慈善，日德居多福自豐。又：日德不善見魁
강 화성살요최난당 국중중견수환길 운지괴강복불
罡，化成煞曜最難當，局中重見須還吉，運至魁罡福不
창 우 일오덕중중면화앙 관성차기견재향 갱무충
昌。又：日午德重重免禍殃，官星且忌見財鄉，更無衝
파공망처 감작조중일동량 우 일덕유살희신강 불
破空亡處，堪作朝中一棟樑。又：日德有煞喜身强，不
희재성관왕향 위성온유갱자선 일생복수희비상 여
喜財星官旺鄉，爲性溫柔更慈善，一生福壽喜非常。如
장촉운동 갑신 무진 임술 유학관이요김의자 득
張燭運同：甲申、戊辰、壬戌，由學官而腰金衣紫，得
오품관고 시차격야 일명경진 기묘 무진 갑인
五品官誥，是此格也。一命庚辰、己卯、戊辰、甲寅，
삼위일덕 작차격논 단갑인기견경진 운행임오재향
三位日德，作此格論，但甲寅忌見庚辰，運行壬午財鄉

之地，午中陽刃持權，皆犯日德，所忌丁巳年，寅巳相刑，四月死，壽止三十八，平生性重，亦不慈善，惡疾久纏。

魁罡

此格有四日：庚辰、壬辰、戊戌、庚戌。辰爲天罡，戌爲河魁，乃陰陽絶滅之地，故名。獨除甲幹，以居幹之首，在辰爲青龍，在戌爲祿堂，有吉而無凶故也。此格須疊化重逢日位，加臨者衆，以伏爲貴。經雲：魁罡聚衆，發福非常，主爲人性格聰明，文章振發，臨事果斷，秉權好殺。賦雲：魁罡性嚴有操持，而爲人聰敏是也。運行身旺，發福百端，一見財官，禍患立至，或帶刑煞尤甚，倘日位獨處，刑沖克制重臨，必是小人，刑責不已，窮必徹骨，運臨財官旺處，主防奇禍。若月令

견재관인수 일주일위 즉이재관인식취용 수미유파
見財官印綬，日主一位，卽以財官印食取用，雖微有破
패 재관인식득위 역무대해 수짐작제강 당용자취
敗，財官印食得位，亦無大害，須斟酌提綱，當用者取
지 불가구이소절 우왈 경술 단견재즉불성국 세
之，不可拘以小節。又曰：庚戌、但見財則不成局，歲
운재견재왕지향 화불가측 경진일생구월 수진술상
運再見財旺之鄕，禍不可測。庚辰日生九月，雖辰戌相
충 운행남방 주중유화 역가언귀 경술일생삼월
沖，運行南方，柱中有火，亦可言貴。庚戌日生三月，
종유관성인수역불용 개경용술중화위관고 무토위
縱有官星印綬亦不用， 蓋庚用戌中火爲官庫， 戊土爲
인 진중계수상관 우설경기 불성격의 무술일무재
印，辰中癸水傷官，又泄庚氣，不成格矣。戊戌日無財
불귀 불선견관 약괴강중첩유정 부귀양전 임진일
不貴，不宣見官，若魁罡重疊有情，富貴兩全。壬辰日
파견재관 대희인수 각재여살 세운동 우왈 진시
怕見財官，大喜印綬、卻財與煞，歲運同。又曰：辰是
수고속천강 술시화고속지괴 진술상견 위천충지
水庫屬天罡， 戌是火庫屬地魁， 辰戌相見， 爲天沖地
격 자평총론운 신치천강지괴 쇠즉철골빈한 강
擊。'子平總論'雲：身値天罡地魁，衰則徹骨貧寒，強
즉절륜귀현 시왈 임진경술여경진 무술괴강사좌
則絶倫貴顯。詩曰： 壬辰庚戌與庚辰， 戊戌魁罡四座
신 불견재관형살병 신행왕지귀부륜 우 괴강사일
神，不見財官刑煞並，身行旺地貴夫倫。又：魁罡四日
최위선 첩첩상봉장대권 경술경진파관현 무술임진
最爲先，疊疊相逢掌大權，庚戌庚辰怕官顯，戊戌壬辰

畏財連。又：魁罡四柱日多同，貴氣朝來在此中，日主獨逢沖克重，財官顯露禍無窮。按此格，俱用辰戌，獨天干少異，內庚辰二日，既曰日德，又曰魁罡，論其格局，迥然不同，不必拘論。如張時僉事：庚午、丁亥、戊戌、丙辰；劉大受少卿：丁亥、癸醜、庚戌、戊寅，二命魁罡日，只取財官印是也。

福德秀氣

此格專以巳酉醜金局而看所得天干，如乙巳、乙酉、乙丑三日，是乙用金爲煞，喜印綬，喜制伏，不宣生六月逢未，以墓上帶旺，金能克木，不宣生八月再露其煞，運行印綬官旺鄉，便能發福。丁巳、丁酉、丁醜三日，是丁用壬爲官，喜金旺生水，亦不喜生八月，以八月火死，功名蹭蹬，又不喜生十一月，以十一月癸水爲

살위수불내 주중희견재관 왕위위귀 운행관왕 편
煞爲壽不耐，柱中喜見財官，旺位爲貴，運行官旺，便
가발복 기사 기유 기추삼일 시기용갑목위관 사
可發福。己巳、己酉、己醜三日，是己用甲木爲官，巳
유추금국개상기관 역명도기 하이위길 수불지금능
酉醜金局皆傷其官，亦名盜氣，何以爲吉？殊不知金能
생수재 희행재운편발 주중불요견병정인오술 이상
生水財，喜行財運便發，柱中不要見丙丁寅午戌，以傷
금국급형충파해 우불희생사월화왕 수기천박 입신
金局及刑沖破害，又不喜生四月火旺，秀氣淺薄，立身
재만 다성패고극 계사 계유 계추삼일 시용금신
在晚，多成敗孤克。癸巳、癸酉、癸醜三日，是用金神
위인 견사유추금국능생계수 희추동 역불희생사
爲印，見巳酉醜金局能生癸水，喜秋冬，亦不喜生四
월 이수절어사 수연금생재사 이금생수역불능절
月，以水絶於巳，雖然金生在巳，以金生水亦不能絶，
득관인운편능발복 지혐화재상금 신사 신유 신추
得官印運便能發福，只嫌火財傷金。辛巳、辛酉、辛秋
삼일 주전금국위묘 약견오술화왕유파 반생재구
三日，柱全金局爲妙，若見午戌火旺有破，反生災咎，
약통병화왕위정기관성 혹 인위위천을귀인 구길
若通丙火旺爲正氣官星，或値寅位爲天乙貴人，俱吉。
세운동 고가왈 음목가임서추사 생거육월암자차
歲運同。古歌曰：陰木加臨西醜蛇，生居六月暗咨嗟，
위관득록난장구 종유문장부족과 우 을사을유병을
爲官得祿難長久，縱有文章不足誇。又：乙巳乙酉並乙
축 팔월생인인단수 사주약견화상관 강관실직정연
丑，八月生人人短壽，四柱若見火傷官，降官失職定然

有。又：陰火相臨巳酉醜，生居醜月壽難長，更兼名利多成敗，破敗荒淫不可當。又：丁巳丁酉並丁醜，八月生人人不久，前程名利兩區區，更忌飮酒及交友。又：陰土逢蛇鷄與牛，名爲福德號貔貅，秀氣火來侵克破，須教名利一時休。又：己巳己酉及己醜，福德秀氣造化有，大怕四柱火相侵，縱有功名不長久。又；陰金合局主前程，造化淸奇大有情，四柱火來侵克破，須知名利兩無成。又：西方金氣坐陰柔，不怕休時不怕囚，鬼煞生時方發福，功名隨步上瀛洲。又：癸巳癸酉月臨風，百務遲廷作事空，名利生成難有望，始知人在五行中。又；癸巳癸酉及癸醜，四月生人人不久，功名成敗在晚年，最忌貪花並飮酒。

祿元互換

此格止有四日：戊申、丁酉、丙子、庚子。戊申日見乙卯時，戊取卯中乙木爲官，乙取申中庚金爲官，互換成其貴祿，柱中喜壬癸爲財，生助乙木官星，運臨官旺鄉，便是貴命，忌見甲煞、辛傷、寅酉沖。丁酉見壬寅，丙子見癸巳，庚子見丁亥，喜忌與前同推。如一命：癸亥、壬戌、丙子、癸巳，互換祿旺，各臨官貴，無刑衝破害，故貴。又：己未、辛未、丙子、癸巳，合格，大貴。古法論祿元互換，如戊午見丁巳之例，是取臨官之祿。

子午雙包

子爲帝座，午爲端門，帝王所居之位，人命或兩子兩午，或兩午包一子，或兩子包一午，有水火既濟之道，陽生陰生之機，遇者主貴。如壬午、壬子、戊午、壬子，兩午兩子；壬子、癸醜、戊午、壬子，甲子、庚午、丙申、戊子，戊午、丁未、庚子，皆兩個包午；戊午、甲子、甲申、庚午，甲午、壬申、甲子、庚五，皆兩午包子。俱貴命。

青龍伏形

甲乙木屬東方，謂之青龍伏形者，伏干金也。如甲申、甲戌、乙巳、乙酉、乙丑，此五日生，坐下財官，俱要月令有托，官星得地，不見傷官之神，金木相停爲合象。有以乙巳日時，名青龍伏藏，主飮酒有失，暗損福壽，不飮則可。詩曰：甲乙如居申酉鄕，木逢春旺最爲良，四柱若逢庫相助，財官雙美不尋常。

白虎持勢

庚辛金屬西方，謂之白虎持勢者，得其勢也。如庚午、庚寅、庚戌、辛巳、辛卯、辛未，此六日生，坐下財官印貴，要日主有托受生氣，或官旺得時，不見財官，用官必貴，用財必富，歲運同。有以辛卯日時犯白虎，不利勇猛戰鬥，令人多有眼目之疾，重犯尤忌之。詩曰：白虎持世寅卯强，如臨巳午未戌鄉，四野遇之多富貴，必向皇都作棟樑。

朱雀乘風

丙丁火屬南方，謂之朱雀乘風，赤持勢之義也。丙丁喜居金水之鄉，身旺有托富貴。如丙子、丁亥，水火旣濟，又合胎元受氣之貴，官旺財旺爲上。丙丁有申子辰水局，亦爲旣濟。賦雲：火旺得水，以成旣濟之功，須水火相停，不致偏枯方是。丙申、丙辰、丁酉，丁醜，得身有托，生氣相扶，財官旺相，俱吉。有以丁未日時名朱雀折足，大不利六畜，亡散死傷，或患瘡疾，有甲乙則有子孫。詩曰：朱雀乘風是丙丁，如逢金水便崢嶸，申子辰鄉多貴達，逢時多殿玉階行。

玄武當權

壬癸水屬北方，謂之玄武當權，亦持勢之義。如壬寅、壬午、壬戌、壬辰、癸巳、癸醜、癸未，俱坐下財官印，若身旺有依託，官星通月令生氣，爲貴，大忌水局傷官，重並兇惡，死於不義，如遇土局火重，宜見金洩氣，生助本身，爲吉，沖破身弱則凶，歲運同。有以壬辰日時名玄武受戳，主官員被讒，有失小人，是非不寧。詩曰：玄武秋生旺北方，如臨巳午土神鄉，若見艮寅財福厚，平生名利兩吉昌。又：玄武當權要得眞，日幹壬癸坐財星，官星若也居門戶，無破當爲大用人。

勾陳得位

戊己土屬中央，謂之勾陳當位，卽當權之義。如戊寅、戊辰、戊子、戊申、乙卯、己亥、己未，皆坐下財官印，若身旺，官得時者貴，財得時者富，不見傷官劫財爲妙，忌沖刑忌沖刑，煞旺生災，歲運同。詩曰：戊己勾陳在旺鄉，寅卯乙宮號最强，若是更臨辰卯未，亥子相逢大吉昌。又：日幹戊己坐財官，號曰勾陳得位看，知有大財分端氣，命中値此列朝班。

還魂借氣

五行自死絶而有救遞相還者。如木絶在申，而遇甲申；金絶在寅，而遇戊寅之類。最吉最吉，有福神次之，無則下。

八專祿旺

八專日見前，或又添丙午、丁巳、戊辰、戊午、己巳、乙醜、壬子，而無丁未，六十甲子，獨此干支同類，內甲寅、乙卯、庚申、辛酉四日自專祿旺爲正，甲乙宣亥卯未寅月成木局，庚申宣巳酉醜申月成金局，爲秀氣純而不雜，主爲人聰明有壽壽，平生少病，多好酒色，柱有官煞，雖身強不畏，但混雜則祿不得專，終爲有禍，八字帶財印食爲福福，運行專祿旺鄉財印食旺之地，皆發富貴，怕比肩、劫財，柱無財食官印，多孤，或爲僧道。經雲："幹與支同，損財傷妻。"又雲："身旺無倚，定爲僧爲道"是也。若只一位祿，運行身旺財食印旺之地，亦主發貴。若並疊三四位祿而無財官，又取沖起對宮財福爲用，或月時帶官有氣，以身旺逢官，尤爲貴格。忌沖刑散我旺氣，縱貴亦多生病。如朱文公庚戌、丙戌、甲寅、庚午，專祿得火局爲食，二庚爲煞，居火旺庫，木秀得地，化煞爲權，宣成大儒。董丞相己巳、辛未、乙卯、丁亥，專祿而得木局，全日幹聚生旺秀氣，運行東方身旺局，全沖起對宮之祿爲權，所以大貴。

曲直

甲乙日得亥卯未局，柱中須有亥字帶印爲入格，若無亥有卯，止是木之本氣，卻要見金土爲貴，既無亥字，又無金土，則木不秀不實，難以言貴。如甲寅日有亥，時見丁卯劫財、陽刃陽刃、傷官，雖貴不全合格。詩曰：甲乙日生亥卯未，局全曲直須榮貴，柱中無亥宣土金，自是生來享福地。又曰：甲乙生人寅卯辰，又名仁壽兩堪評，亥卯未全嫌白帝，若逢坎位必身榮。

炎上

丙丁日遇寅午戌局，柱中須有寅字帶印爲入格，無寅止是九流近貴之命，若火自旺，無亥水相濟，不貴。喜東北方運，忌見辰醜戊己，晦火光明，多主眼疾，或患風氣，柱有木製成貴，忌水金鄉，怕沖。詩曰：丙丁日坐寅午戌，火炎上格從此出，無寅無亥不成名，忌逢土晦主殘疾。

從革

庚辛日見巳酉醜局，須帶丙丁巳午一二位方成其器，但不可火多。如辛巳、辛酉、辛醜三日不喜五月生，被火所傷，宜八月或水土養育食神印綬爲吉。詩曰：白虎但逢巳酉醜，格乎從革名偏厚，丙丁巳午少逢之，貴氣煉成官最久。又：金居從革貴人欽，造化淸高福最深，四柱火來相混雜，空門藝術謾經論。

潤下

壬癸日見申子辰全，忌引卯巳死絶之地，三刑四沖之鄕，死絶則不流，沖刑則橫流，歲運同。或曰水太泛須柱有土神一兩位制之，得成提岸，旣有土怕會木爲凶，如有木傷土要金印救解，終是一生成敗。運喜西方，不宜東南。詩曰：壬癸日逢申子辰，局名潤下最爲眞，必須巳午並辰戌，申字當權貴絶倫。又：天干壬癸喜冬生，更値申辰會局成，或是全歸亥子醜，等閑平步上靑雲。

稼穡

賦云：戊己忻逢四季，乃爲稼穡之名。是戊己生逢季月，喜見木爲官，止得一木爲妙，木多則土虛，主虛詐爲破家不仁之人。辰未土聚之地，見巳午火卽貴，亦不宜多，多則土燥，不能滋生萬物。醜戌之土，內懷金氣，不宜重見，恐存煞氣，不生萬物，又不宜見金洩氣，不貴。秋土不成器爲死土，因土內含金，冬土不成器爲泥土，因土內含水，故土只四季也。詩曰：戊己日生宜四季，多防醜戌壞金氣，生來見木或逢熒，個中消息眞榮貴。又：戊己生逢四月中，戊辰醜未要全逢，喜行財地嫌官煞，運到東方定有凶。

土局潤下

賦云：戊己居於潤五，萍梗他鄉。此象乃戊申、戊子、戊辰三日，生於申子辰壬癸水旺之鄉，非特貧賤奔波，合主四肢眼目疾，或惡瘡膿血而死。辰戌醜未運應，其餘土虛，逢水局，皆漂流之命，若目旺之土，在水局富貴，行火鄉發達。如戊辰、甲子、戊申、乙卯，是土虛逢潤下，故主目疾爲軍。辛未、庚子、戊辰、壬子，土從衆水，得土堤防，行丙申、丁酉運生財大發，交乙未運戊午年破財，復得平章之職，不可例戊己居潤下爲凶。

金白水清

賦云：金白水清，此輩宜登科第。此象乃庚申、辛酉日生秋月令，引到時上遇亥子水鄉，以金則白，以水則清，無刑沖破害，主富厚。切忌夏生，則不入格，春金二三月，運行西北亦可。如庚辰、庚子、癸巳、癸酉、癸醜等日，生秋冬月令，無火傷，無土制，見金水相停成局，亦是。詩曰：金清水白主榮貴，秀麗文章定出群，更無火土來刑制，聲譽掀騰翰苑人。

木火交輝

賦雲：火明木秀，生春月以爲榮。此象乃甲戌、甲午、甲寅、丙午、丙寅、丙戌等日，生春月或夏月，柱無金水傷壞，時上有木火。行木火運，木日火秀，行南方運，火日木秀，行東方運，主淸貴福厚，火日火秀，行東亦貴。如丙辰日生火旺月，行木火運亦可，但富而不貴，木秀無火，則不成局，以木火有通明之象故也。如：丁巳、甲辰、甲寅、丁卯；甲午、丙寅、丁卯、丙午；丁巳、甲辰、乙巳、丁亥。三命皆木火光輝，淸貴之造。

火金鑄印

賦雲：金非火不能成器，火非金無以顯諸用，金火相停，有鑄印之象，忌醜字爲損模。賦雲：乘軒衣冕，金火何多。又雲：金鬼無偏，此之謂也。

火土來雜

火見土則暗，土宿火則晦，故火自火，土自土，兩不相掩爲妙，若火土夾雜，主愚濁。經雲：“火虛土聚成何用，定是塵埃碌碌人”是也。如：戊申、己未、丙午、乙未；庚戌、乙醜、丙辰、戊戌；戊戌、丁巳、己未、丙寅。三命皆火土夾雜，平常。

墓煞

古歌曰：墓中逢鬼要知之，夾煞持丘骨肉離，犯此凶星無救助，生來福壽少年虧。如甲日見庚戌、庚辰，乙日見辛醜、辛未，丙日見壬辰、壬戌，丁日見癸醜、癸未，戊日見甲辰、甲戌，己日見乙丑、乙未，庚日見丙辰、丙戌，辛日見丁醜、丁未，壬日見戊辰、戊戌，癸日見己醜、己未，此謂七煞入墓。

'珞. 錄子'雲：夾煞持丘，親姻哭送。如己巳、戊辰、癸醜、丙辰，癸日見戊爲官，己爲煞，戊己並在辰上，又爲癸水庫，多主早發早夭。或曰：煞非止七煞，乃羊刃、亡、劫，與日時或日月夾藏墓中，皆凶。

四位純全

寅申巳亥有五行生氣驛馬學堂, 是爲四生；子午卯酉有五行旺氣, 乙辛丁癸臨之, 是爲四正；辰戌醜未, 五行雜氣, 華蓋、正印臨之, 是爲四墓。經雲：財官印綬, 鎭居於寅申巳亥。'眞寶賦'雲：子午卯酉, 八專之象, 文爲一品, 邦砥柱, 武則分茅掛印成功。又雲：寅申巳亥, 位至三公。'元理賦'雲：子午卯酉全備, 酒色昏迷。'千里馬'雲：四庫全備, 龍變化爲大海, 爲九五之尊。'寶鑑賦'雲：辰戌醜未順行, 帝王君命無疑。'理愚歌' 雲：四庫全時爲四貴, 位班上列據權衡。'獨步'雲：寅申巳亥四生之局, 用物身强, 遇之發福。子午卯酉四敗之局, 男犯興衰, 女犯孤獨, 此格合者, 多主大富貴, 便不免六親刑害, 進退連茹, 以各相沖無合故也。'精紀'雲：子午卯酉, 入格爲四極全備, 失局爲遍野桃花, 男女犯之, 雖貴有財, 不免荒淫酒色, 薄德之人。詩曰：寅申巳亥四字連，辰戌醜未亦如是，不居大勢掌魁權，必定朝中爲近侍。又：日德日貴並魁罡，四柱純全大吉昌，六格局中仍入格，這般造化豈尋常。此取四位日德、四位魁罡，四位日貴，無別干支，與四位純全格同論。

一氣生成

天元一氣，乃四壬寅，四辛卯，四庚辰，四己巳，四戊午，四丁未，四丙申，四乙酉，四甲戌，四癸亥是也。四柱干支一氣，中間亦有輕重貴賤，須細別之。壬寅、辛卯、甲戌富貴雙全；己巳亦貴；戊午、丁未刃旺性強，雖貴亦多兇險，克妻，不善終；庚辰貴而風流，名重利輕；乙酉多傷殘；癸亥多貧薄；丙申生北方亦可取貴，歲運如遇刑衝破奪，必生災禍。大要推其支內有

無財

官印食，入格有無傷損，天干有無得令，上下干支財官印食可化不可化，可從不可從，定其輕重貴賤。又曰：四幹純一不雜，爲天元一氣，不可以比肩論，須祥其支神有無生化，有無刑克，帶財官印合格，歲運不背，必當大貴，沖刑克制亦凶，不可執定一氣皆以貴言。如甲子、甲戌、甲寅、甲子之類，又名鳳凰幹格。果正郎：壬辰、壬子、壬寅、壬寅，壬自絶於寅，是爲駁雜，故止正郎。又曰：四支純一不雜，爲地物相之一，名芝蘭並秀格，須看幹元是支福聚禍聚，如是福

聚合格，多居兩府之貴，如甲寅、丙寅、庚寅、戊寅之類，又名鳳凰支格。

詩曰：天元一氣定尊榮，不雜天干一字淸，非可比肩爭競論，生來富貴至公卿。又：天元一字水爲源，生在

秋冬妙莫言，大吉土神逢一位，少年仕路必高遷。又：天元一字土爲基，四季生時更是奇，申酉二支加入局，聰明俊秀異常兒。又：天元一字木爲根，傳送登明顯福元，四柱官星如得地，功名利祿好爭先。又：天元一字若逢金，時日魁罡福氣深，羊刃逢沖並帶貴，平生得遇貴人欽。又：天元一字火融融，大吉功曹時日中，沖起財官爲發用，平生富貴福興隆。竊詳二格，

天元同者多貴，地支同者間有不貴，輕精重濁之分也。

又：四重陽壬水四重寅，離坎交爭旺氣生，運至火鄉可貴顯，往來須忌對提沖。又：人命如逢四卯全，幹頭辛字又相連，身輕福淺猶閒事，只恐當生壽不堅。又：丙申四位命中全，身煞相停顯福元，不比尋常名利客，管敎勢力鎭魁權。又：天干四甲皆逢戌，分奪財官

무 소 익 　여 환 행 운 도
無所益，如還行運到

남 방 　합 차 상 관 사 소 길 　우 　천 간 사 계 립 건 궁 　목 수
南方，合此傷官些小吉。又：天干四癸立乾宮，木水

상 생 작 도 충 　명 리 영 영 수 유 왕 　남 방 운 행 수 환 흉
相生作倒沖，名利盈盈須有旺，南方運行數還凶。

배 록 축 마
背祿逐馬

배 록 자 　갑 이 신 위 관 위 록 　갑 생 춘 하 　금 절 칙 무 관
背祿者，甲以辛爲官爲祿，甲生春夏，金絶則無官

의 　고 위 배 록 　축 마 자 　갑 이 기 토 위 재 위 마 　피 을 급 해
矣，故爲背祿。逐馬者，甲以己土爲財爲馬，被乙及亥

묘 미 겁 탈 　갑 무 재 의 　고 위 축 마 　여 례 추 　여 임 자 　임
卯未劫奪，甲無財矣，故爲逐馬。餘例推。如壬子、壬

자 　정 미 　을 이 　정 취 임 위 관 록 　임 　해 월 건 록 　정 생
子、丁未、乙已，定取壬爲官祿，壬，亥月建祿，丁生

자 월 　계 왕 시 살 　임 록 이 과 위 배 　향 자 유 록 　배 자 무
子月，癸旺是煞，壬祿已過爲背，向者有祿，背者無

록 　정 취 경 위 재 위 마 　자 월 경 사 　차 위 배 록 축 마 　봉 살
祿；丁取庚爲財爲馬，子月庚死，此爲背祿逐馬，逢煞

운 　행 겁 지 　역 불 발 복 　무 근 원 고 야 　락 록 자 운 　배
運，行劫地，亦不發福，無根元故也。'珞錄子'雲："背

록 축 마 　수 궁 도 이 　황 　여 차 불 동 　능 견 부 중
祿逐馬，守窮途而 惶"，與此不同，能見賦中。

십 간 십 이 년 생 대 귀 인 례
十幹十二年生大貴人例

륙 갑 년 정 묘 월 을 미 일 무 인 시 륙 을 년 기 묘 월 갑 술 일 을 해 시
六甲年丁卯月乙未日戊寅時六乙年己卯月甲戌日乙亥時

륙 병 년 경 인 월 정 사 일 병 오 시 륙 정 년 병 오 월 임 진 일 정 미 시
六丙年庚寅月丁巳日丙午時六丁年丙午月壬辰日丁未時

륙 무 년 임 술 월 기 추 일 무 인 시 륙 기 년 신 미 월 기 미 일 병 인 시
六戊年壬戌月己醜日戊寅時六己年辛未月己未日丙寅時

륙 경 년 갑 신 월 경 신 일 신 사 시 륙 신 년 병 신 월 경 오 일 신 사 시
六庚年甲申月庚申日辛巳時六辛年丙申月庚午日辛巳時

륙 임 년 신 해 월 임 진 일 정 미 시 륙 계 년 병 진 월 병 진 일 무 자 시
六壬年辛亥月壬辰日丁未時六癸年丙辰月丙辰日戊子時

이 상 축 년, 지 유 일 일 일 시 주 유 대 귀 인 응 세 건 공 립 업
以上逐年, 只有一日一時主有大貴人應世建功立業

지명 불연 출진신선 상술불능효야 대귀인막과제
之命，不然，出塵神仙，常術不能曉也。大貴人莫過帝

왕 고력대창업지군 내명조제제 무일합자 여상위
王，考歷代倉業之君，乃明朝諸帝，無一合者。餘嘗謂

천하지대 조민지중 여차년월일시생자 개무기인
天下之大，兆民之衆，如此年月日時生者，豈無其人？

연미필개대귀인 요지 천생대귀인 필유명수기운이
然未必皆大貴人。要之，天生大貴人，必有冥數氣運以

주지 년월일시다불족빙 여기진신여범민 명동자불
主之，年月日時多不足憑。余紀縉紳與凡民，命同者不

능실수 고취진신론 여황무관시랑 여신가부사명
能悉數。姑就縉紳論，如黃楙官侍郎，與申價副使命

동 황사자병화 신사유하 신선황사 관지대소우불
同，黃死子兵禍，申死牖下，申先黃死，官之大小又不

론야 주형여리정룡명동 주발과임진 리발과계추
論也。朱衡與李庭龍命同，朱發科壬辰，李發科癸醜，

주관지상서 리지대참 수우불영 기자손지다과현
朱官至尚書，李止大參，壽又不永，其子孫之多寡賢

부 우불론야 만채여요재명동 만거진사 관지경
否，又不論也。萬寀與饒才命同，萬舉進士，官至卿

이 요지거인 관지태수 연요다자이만칙소 우만이
貳，饒止舉人，官至太守，然饒多子而萬則少，又萬以

적술사이요칙부 기수요
謫戌死而饒則否，其壽夭

득상우난론야 삼하왕차재형제동산 이공명선후역
得喪又難論也。三河王且齋兄弟同産，而功名先後亦

자불동 황천하지대 구주지광 조민지중 기팔자동
自不同，況天下之大，九洲之廣，兆民之衆，其八字同

者何限，又烏可以例論耶！餘記下說，說一走卒與魯公命同，魯公遇朝廷有大恩寵，則此卒受大責罰，魯公有小喜慶，則此卒有小譴責，其相反有如此者。又某家生子與魯公命同，　前後差六十年，　術者以魯公之命證之，其家大喜，謂他日必貴，自孩童時恣其所爲，後遂酗酒，遊蕩醉死于水，年止十九。又記‘樂善錄’，太學二士人命同，又同發解過省，約就相近遊宦，庶彼此得知災福，後一人任鄂州教授，一人任黃州教授，未幾黃州者死，鄂州者爲治後事，祝曰：“我與公生年月日時同，出處同，公先舍我去，使我今死已後公七日矣，若有靈，宜托夢以告。”其夜果夢雲：“我生於富貴，享用過當，故死，公生於寒微，未得享用，故活。”後鄂官至典郡，　豈非有所警惕享用不過之所致乎？ 又吾郡有顏守芳生員，與敝民袁大綱命同，顏貧喜富，顏郡，豈

비유소경척향용불과지소치호 우오군유안수방생
非有所警惕享用不過之所致乎？　又吾郡有顏守芳生
원 여창민원대강명동 안빈희부 안다자원근이자
員，與敝民袁大綱命同，顏貧喜富，顏多子袁僅二子，
안재이원이사 안독서수례 유위질이능자보 경세공
顏在而袁已死，顏讀書守禮，有危疾而能自保，竟歲貢
출신 원칙반시 합시수인관지 기소생지가불동 이
出身，袁則反是。合是數人觀之，豈所生之家不同，而
각인소습지업우이 기보신신수 극검장년 재오인자
各人所習之業又異，其保身慎修，克儉長年，在吾人自
구다복이
求多福耳，

약왈아명해부귀장수 이불수덕진학 교자불법 기
若曰我命該富貴長壽，而不修德進學，驕恣不法，豈
명지소이위명야야
命之所以爲命也耶！

논정재
論正財

정재자 내갑견기 을견무지례 수아극제 위아지
正財者，乃甲見己、乙見戊之例。受我克制，爲我之
처 비인취처 처재재가아 아필정신강강 이후가향
妻，譬人娶妻，妻齎財嫁我，我必精神康强，而後可享
용 약쇠미불진 수처재풍후 단능목시 종불득용
用，若衰微不振，雖妻財豐厚，但能目視，終不得用。

故財要得時乘旺，不偏正混亂，不重疊多見，自家日主有力，皆能發福。若財多身弱，柱無印助，財少身强，柱有比劫，太過不及，皆不爲福。'珞'雲：若月令得財局，身衰逢印資助，當作富論，如先見印，卻怕見財。'獨步'雲：先財後印，反成其福，先印後財，反成其辱是也。用財不宜明露，柱見比劫，則宜透出，使人共見則不能奪。賦雲：財宜藏，藏則豐厚，露則浮蕩是也。凡財格，喜見官星顯露，別無傷損，或更食生印助日主健旺，富貴雙全。如干支見煞，亦能享用，卽逢財看煞之義。大怕梟，奪則不能生，刃劫則不能享，庫逢空則不能聚。如甲生午月，見壬傷，丙卯破，乙奪；乙生巳月，見癸傷，丁亥破，甲奪；壬生戌月，甲子旬戌落空亡之類。餘以例推。又曰：財爲養命之源，凡人八字不可無財，但不要太多，多則不淸，若柱原無財而行財運，乃有名無實，如財多身弱，又行官鄉財旺之地，見財盜氣，官克身，不惟不發祿，且禍患百出。又曰：財爲馬，官爲祿，二者不可缺一，實難兩全，原有財星宜行官運，原有官星宜行財運，行財運生官，行官運發財，若柱中原無官星，只是財多，又行財運，亦能成就名利，間有登科者。蓋財不畏多，多則。暗生官也，須得身旺方能勝任，若無財，官多身受其制，反不爲吉，柱中無官，只取有財爲福。又曰：財官與煞，用月支者，所謂以支爲命，日幹者，所謂以幹爲祿，若月支有財官，幹頭不露，自足爲福，若地支舞財官，幹頭明露，乃虛詐無實之命，縱行旺運，亦不濟事。苟月支無而年時日支有，亦可取用，月地支坐財官，謂之得時，日地支坐財官謂之得位，時地支坐財官，謂之有成。得時爲上，得位次之，有成又次之，兼得一二尤妙。年主祖父富貴，中年後無用。又雲：庚辛日生於正月，別位有火爲煞，以克庚辛，雖年月見寅卯，亦無祖財，一生熬煎，遇發財處必成災禍，以木旺生火，害日幹之金，天元羸弱，財黨煞生，不能爲福。又雲：正財之格，主人誠實，行事儉約，賦性聰明，愉有慳吝，若財旺身衰，主妻秉男權，持家幹蠱，又主有好子替力，反得優遊之樂，運行比劫，妻妾多危。‘獨步’雲：財旺生官，富而且貴，露官藏財，無不高位，藏則豐厚，露則虛費，沖者宜透，實則滋利。‘中書奧旨’雲：我去克他爲妻財，幹強則富。又雲：身弱財多，喜兄弟羊刃爲助。又雲：財旺者遇比無妨。又雲：妻財明朗，喬木相求，財星入墓，必定刑妻，支下伏財，偏房寵妾。口訣雲：財星太過愚。又雲：大運、流年、三合財鄉，必主紅鸞吉兆。‘千里馬’雲：財源被劫，父命先傾。又雲：男逢財多身弱, 妻話偏聽, 財星得位, 因妻致富成家, 財遇長生, 田園萬頃, 財旺生官, 白身榮顯。'元理賦'雲：大貴者用, 財而不用官。又雲：財臨旺地人多福。又雲：孤寡者只爲財神被劫。秘訣雲：財生身旺兩相停, 不喜再見比肩。'萬祺'雲：正財逢生旺而優遊享福, 遇劫財則晦滯呻吟, 官星若見, 平生惹是招非, 七煞若逢, 處事少成多敗。財旺身衰, 禍深福淺, 財多身弱, 要印扶身, 身旺財衰, 怕劫分奪, 財食入庫者福厚, 例食求財者貧夭。詩曰：正財喜旺食豐盈, 日主剛强力可勝, 若是財多身自弱, 平生破敗事無成。又：正財還與月官同, 最怕干支遇破沖, 歲運若臨財旺處, 須教得富勝陶公。又：正財切忌劫財神, 破害刑沖不可論, 歲運那堪逢刃地, 命延不死也遭.。財星得位正當權, 日主高强名利全, 印綬若逢相濟助, 金珠滿櫃福綿綿。又：

身旺無官只取財，財神衝破卻爲災，身衰財旺還知夭，官盛身強福祿媒。又：財多如何不發財，只因身弱少培栽，運到比肩身旺地，富貴榮華次第來。又：財多身弱刃剛強，身旺之鄉大不祥，鳳寡鸞孤寒夜怨，房中妻哭兩三場。又：財神忌透只宜藏，身旺逢之大吉昌，切忌比劫相遇會，一生名利被分張。又：財多身旺足榮歡，身旺財多化作官，身衰財多財累己，是非不競起爭端。合諸設，觀正財喜忌見矣。

歲帶正馬

如甲日午年己，乙日巳年戊，喜忌與月幹正財同。若歲帶正馬，生辰戌醜未月或夏令月中，己土旺相，不犯刑沖分奪，日幹乘旺，主受祖業豐厚。若生寅卯月令，柱中更帶比肩，或遇運行傷劫之地，必主貧困。

時帶正馬

如甲日帶巳午時之例，無刑衝破劫，主招美妻，得外來財物，生子榮貴，財產豐厚，此非父母之財，乃身外之財，招來產業，宜儉不宜奢。

財旺生官

'繼善篇'雲：富而且貴，定因財旺生官。蓋財有生官之理，旣取財爲用，不要見官，若見官則爲財官格矣。柱有傷食，雖財厚亦不能生官。如戊己以亥子、壬癸爲財，以寅卯甲乙爲官，若生壬子、癸亥月，四柱不見寅卯甲乙，是爲財旺生官，如此元命因富致貴，或納粟及儀賓之類，若月令財無損克，亦主登科，透庚辛則不能生，不以此格論。

天元坐財

如庚辰、辛卯日，春生，甲乙木爲財，喜戊己印生身，壬癸食生財，忌庚辛金劫奪，切不可歲逢官煞，卽春月金弱，不能勝任，反不爲福。甲午、乙未日夏生，己土爲財；甲辰日夏生，戊土爲財；丙戌、丁醜日秋生，辛金爲財，喜忌具與前同。惟壬午、癸巳二日，祿馬同鄉，不專以財論。

論偏財

何謂偏財？乃甲見戊、乙見己之例。非妻所帶，乃衆人之財也。切忌有姊妹兄弟分奪，柱無官星，禍患百出。經曰：偏財好出，亦不懼藏，唯怕分奪，及落空亡，有一於此，官將不成，財將，不住。如財弱必待曆

왕향이영 재성무왕불리 단공신세무력 불능승임
旺鄕而榮，財盛無往不利，但恐身勢無力，不能勝任。
편재격 주인강 불심린재 여인유정이다사 약시득
偏財格，主人慷，不甚吝財，與人有情而多詐，若是得
지 불지재풍 역능왕관 이재성자생관 운행왕상
地，不止財豐，亦能旺官，以財盛自生官，運行旺相，
복록구진 일우관향 편가발복 주중원대관성 편작
福祿俱臻，一遇官鄕，便可發福。柱中原帶官星，便作
호명간 약형제배출 종입관향 발복필묘 편재월령
好命看，若兄弟輩出，縱入官鄕，發福必渺。偏財月令
소대최중 불의주중다봉 년상편재생왕 월령주중통
所帶最重，不宜柱中多逢。年上偏財生旺，月令柱中通
기 주수백숙조고산업풍륭 혹외조산업은양 대요일
氣，主受伯叔祖考產業豐隆，或外祖產業恩養。大要日
주흥륭 재성생왕 운향재왕지향발복 약견형충파
主興隆，財星生旺，運向財旺之鄕發福。若見刑衝破
해 비겁분탈 혹재성태쇠 일주태약 혹재다생살
害，比劫分奪，或財星太衰，日主太弱，或財多生煞，
개파조로록지명 범월령유재 주소년부귀 약생시불
皆破祖勞碌之命。凡月令有財，主少年富貴，若生時不
득지 혹유겁패 경운림흉지 만년조재파진 종신곤
得地，或有劫敗，更運臨凶地，晚年祖財破盡，終身困
궁 선부후빈 약년월본무 일시대재 별 무겁패충
窮，先富後貧。若年月本無，日時帶財，別，無劫敗沖
극 칙주자가성립 중만지년대발 약주중재다신약
克，則主自家成立，中晚之年大發。若柱中財多身弱，
소년우경휴패지지 다사빈병 백불여의 중밀년후홀
少年又徑休敗之地，多事頻並，百不如意，中密年後忽

臨父母之地，或三合可以助我，則勃然而興。若少年乘旺，老來脫局，不唯守窮途而爲惶，抑且是非蜂起，以財能利己，亦能招謗故也。若四柱相生，別帶貴格，不值空亡，又行旺運，三合財星，皆是貴命，其福祿淺深，隨格輕重言之。又曰：凡人命有兩位財，身弱不妨，元用正財，身旺發財，元用偏財，身旺脫財。又雲：偏正二財，喜忌大同，唯有喜官星不喜官星小異，有正財不若有偏財，偏財重實，其福則厚，最怕劫敗比肩，在年最重，在月稍次，一名孤辰，一名逐馬，主克妻害子，破財貧薄，又防陰賊小人同類相傷，柱中元犯此忌，運行財旺之地，亦可發福，再行比劫，退敗而身死者有之，遭官破敗者有之。‘通明賦’雲：月上偏財，無劫無敗，富甲人間。‘相心賦’雲：偏財透露，輕財好義，愛人趨奉，好設是非，嗜酒貪花，亦系如此。‘驚

신 부 운 편재신왕 진구상가지인 오지 운 편재능
神賦'雲：偏財身旺，趁求商賈之人。'奧旨'雲：偏財能
익수연년 천리마 운 출현편재 소애정처 다애
益壽延年。'千里馬'雲：出現偏財，少愛正妻，多愛
첩 고가왈 편재원시중인재 최기간지형제래 신강
妾。古歌曰：偏財元是衆人財，最忌干支兄弟來，身強
재왕개위복 약대관성경묘재 우 편재신왕요관성
財旺皆爲福，若帶官星更妙哉！又：偏財身旺要官星，
운입향발리명 자매제형분탈거 공명불수화수생
運入鄉發利名， 姊妹弟兄分奪去， 功名不遂禍隨生。
우 편재재위발타향 강개풍류성요강 별립가원삼량
又；偏財財位發他鄉，慷慨風流性要強，別立家園三兩
처 인명인리자가망
處，因名因利自家忙。

시상편재
時上偏財

희기편 운 시상편재 파봉형제 여갑일견무진혹
'喜忌篇'雲：時上偏財，怕逢兄弟，如甲日見戊辰或
갑술시지례 희견신관 임계생조 기경살 을겁 주
甲戌時之例。喜見辛官、壬癸生助，忌庚煞、乙劫，柱
중불의재견무기 약신태왕 운동방인묘칙실재 여간
中不宜再見戊己，若身太旺，運東方寅卯則失財，餘幹
례추 차여시상편관격상사 지요일위 불의다봉 천
例推。此與時上偏官格相似，只要一位，不宜多逢，天
원투출위묘 지내소장차지 주유관인상조 일주건
元透出爲妙，支內所藏次之，柱有官印相助，日主健

旺，便作好命看。大怕年月衝破，兄弟輩出，則福氣不全。古詩雲：時上偏財沖最忌，兄弟之輩皆爲畏，喜行身旺官祿鄕，別無透出方爲貴。

棄命從財

'獨步'雲：棄命從財，須要會財，若逢根氣，命損無猜。假如丁生酉月，柱多庚辛，日幹無氣，只得棄命相從，運入北方財官旺地，乃爲入格，南行災。古歌雲：日幹無氣滿盤財，棄命相從是福胎，運旺財官皆皆福貴，如逢根助反爲災。

日坐天財

如戊己土克水爲財，水墓辰是也。古歌雲：年幹克下是天財，克墓之鄕正庫開，財入庫時多穀帛，家豪金物

적성퇴 여필상원기사 계유 경진 갑신시야
積成堆。如畢狀元己巳、癸酉、庚辰、甲申是也。

편정재합론
偏正財合論

정기 유생성재 여갑을견무기토위재 신자진상좌
‘精紀’有生成財，如甲乙見戊己土爲財，申子辰上坐
생왕고 무신 무진 무자지간성합시야 범명입귀
生旺庫，戊申、戊辰、戊子支幹成合是也。凡命入貴
격 제귀외 수주대부 잉다력전곡지임 약불입귀
格，除貴外，須主大富，仍多曆錢谷之任；若不入貴
격 우무복신조 역시부호백성 약자생자왕 갑인견
格，又無福神助，亦是富豪百姓。若自生自旺，甲人見
무오 기해지례 주부 여방차
戊午、己亥之例，主富。餘仿此。

유생합재 여갑인견무계 기인견계무 경인견갑기
有生合財，如甲人見戊癸，己人見癸戊，庚人見甲己
등류 주성립부귀 유자모재 여목명인견화월 토일
等類，主成立富貴。有子母財，如木命人見火月、土日
시지류 주평생다견희사
時之類，主平生多見喜事。

유류재살 인오술인견을경 사유추인견정임 신자
有類財煞，寅午戌人見乙庚，巳酉醜人見丁壬，申子
진인견무계 해묘미인견갑호 일명유미살 주명리병
辰人見戊癸，亥卯未人見甲號，一名幽微煞，主名利並

行。

有財會煞，寅午戌人見辛醜，巳酉醜人見乙未，申子辰人見丙戌，亥卯未人見戊辰，此妻財聚會之神，遇者主富足及有美妻橫財，卻防妻人毒藥害命。

有名位財，乃食神中見庫，如戊子火人見庚戌，戊食庚，火庫在戌，克金爲財，逢此者一生受祿。

有長生財，如甲用戊己爲財見戊申，癸用丙丁爲財見丙寅之例，此類多得外財。又曰：術者多以甲見戊、乙見己類爲財，不知甲己見丙辛、丙辛見戊癸等類爲眞財，生居有氣旺相之位，主富盛。又納音本幹自見眞五行，如乙亥人月日時中見庚，乙亥納音火，乙庚眞金，幹頭自是財也，此名天財，主富足優逸。若納音反制克幹頭，如丁卯火卻能制乙庚金，此名鬼財，主一生得世財，或爲豪猾胥吏起家。戊寅、戊申得丙辛，乙酉、乙卯得戊癸，准此。更帶辰戌醜未，主爲藝術，大獲世財。

論印綬

印綬者，乃五行生我之名。如甲乙在亥子月，丙丁在寅卯月之類，乃我氣之源，爲生氣，爲父母，能護我官星，使無傷克，譬人生得物相助相養，受現成之福，豈不爲妙？此格主聰明，多智慧，性慈惠，語善良，遲訥體，貌豐厚，能飮食，平生少病，不逢兇横，但吝財耳，爲官多爲正官，受宣敕不拘文武，皆掌印信，喜官星，以官能生印。經雲：印賴官生。文雲：有官無印，卽非眞官，有印有官，方成厚福是也。己財星，以財能破印。經雲：印綬生月歲時，忌見財星，運入財鄕，卻宜退身避位是也。歲運同論，印綬不逢損傷，多受父母倚蔭，資財見成，安享富貴，諸命相比，當以印綬多者爲上，月最要，日時次之，年幹雖重，須歸祿月日時，方可取用，若年露印，月日時無，亦不濟事。

四柱元有官星爲妙，若印綬少，官鬼多，或入他格，又不可專言印綬，若印綬複遇拱祿、專祿、歸祿、鼠貴、夾貴、時貴等格，尤爲奇特，但主少子或無子，印綬多者淸孤。凡印綬，喜七煞，但煞不可太多，多則傷身。原無七煞，行運遇之則發；原有七煞，行財運，或印綬死絶，或臨墓地，皆凶。經雲：煞能生印，畏行財鄕，破印助鬼，決主不祥。

凡格喜身旺，惟印綬喜生弱，若元局帶財傷印，運行比劫身旺，亦能發福，無則不宜，如無官煞財神，又行身旺，主平常。‘淵源論’：印綬，如甲日遇子月爲正印，亥月爲偏印，最喜逢天月德，子天德在巽，月德在壬，亥天德在乙，月德在甲，時要見酉辛正官爲妙，或申庚七煞，卻要見比劫助身，合煞爲貴，畏戊己財星損印，忌丙丁食傷生財破印；乙逢亥子月，喜忌與甲同。

丙日逢卯月正印，天德在坤，月德在甲，寅月偏印，天德在丁，月德在丙，喜見子癸正官，或壬亥七煞，卻要比劫助身合煞，畏申庚酉辛財星損印，忌戊己食傷生財破印；丁逢寅卯月，喜忌與丙同。

戊日逢午月正印，天德在亥，月德在丙，巳月偏印，天德在辛，月德在庚，喜逢卯乙正官，寅甲七煞，見煞卻宜比劫助身合煞，忌見壬癸之財壞印，申庚辛食傷生財破印；己生巳午月，喜忌與戊同。

庚日生午月正印，天德在乾，月德在丙，巳月扁印，天德在辛，月德在庚，喜見午丁官星，巳丙七煞，見煞卻宜比劫助身合煞，忌甲乙寅卯旺財壞印，壬癸傷食，午財破印；辛生巳午月，喜忌與庚同。

壬日生酉月正印，天德在寅，月德在庚，申月偏印，天德在癸，月德在壬，喜時逢巳午正官或己戊七煞，卻宜見比劫助身合煞，忌丙丁旺財壞印，甲乙食傷，午財破印；癸生申酉月，喜忌與壬同。

經雲：官刑不犯，印綬與天德同宮。又曰：素食慈心，印綬喜逢於天德。如孟重都憲：乙亥、丁亥、乙丑、丙戌，是印綬與天德同宮。一命甲寅、丙寅、丙寅、丁酉，是天德在丁，月德在丙，印綬在寅。一命庚申、庚辰、庚子、壬午，是天德月德俱在壬，印綬在辰是也。此格大要生旺，最忌死絕。如果乙見亥子爲印，見金成其仁義生養，印元見土則混雜其格，運行西北，官印爲福，若時引歸卯辰巳地，或運行此地，財印歸死絕，流年再遇財克印，決入黃泉無疑。印綬合格，行大運最忌印綬變合，遇地支三合，或變爲傷局，或變成財局，或變成煞局，最爲不吉。

賦雲：金賴土生，土厚而金遭埋沒。木從水養，水盛而木必漂流。火炎土燥，則不能生物（如己日得午之類）。剛金不能生水（如庚日得戌之類）。旺土見旺火，逢此必主眼疾癰疽熱病。糞土不能生金，燥金不能生水，絕水不能生木，遇此宜詳看，不可一概印綬論。若水得金生而逢秋，乃水淸金白，秀麗堪誇，一水三金，號曰體全之象。火得木生而値春，爲木秀火明，發焰紅綠，見金則傷其木，滅火之焰。是金木二印，多者俱作吉論。若火印多者火燥土烈，浮水印多者水泛木浮，土印多者土重金埋，皆不爲吉。

又雲：甲日子月，忌己巳時，怕午沖；乙日亥月，忌戊辰時，怕巳沖。丙日卯月，忌辛卯時，怕酉沖，寅月忌庚寅時，怕申沖；丁日寅月，忌庚子時，怕申沖，卯月忌辛丑時，怕酉沖。戊日午月，忌癸卯時，怕子沖；己日巳月，怕壬子、壬戌時，忌亥沖。庚日午月，忌己卯、乙酉時，怕子沖，巳月忌戊寅時，怕亥沖；辛日巳月，忌庚寅、甲午時，怕亥沖，午月忌辛卯、乙未時，怕子沖。壬日酉月，忌丁未時，怕卯沖，申月忌丙午時，怕寅沖，酉月忌丁巳時怕卯沖。以上日幹，皆喜見比肩疏通，忌見食傷銷印生財，犯此，物運又臨身印衰鄉財旺之地，必然貪財壞印，剝官退職。

經雲：印綬、財星重見，百事難通。又雲：月印純粹，無財星，主文章中黃甲。又曰：身旺印多，財運無妨，身弱有印，煞運何傷！又曰：印綬有根，喜遇財星，印綏無根，忌見財曜，官星者，印綬之根也，印綬有官有財，則財生官，官生印，印生身，身克財則榮貴，故不忌。又雲：印綬有根，逢財則發，逢官則顯，逢合則晦，逢沖則災。'通明賦'雲：財印交錯，論其氣稟之經重，倘若財輕而印氣重，舍財取印，其貴可知；倘若印氣輕而財氣重，舍印取財，雖有背祿，支幹重旺，反作資財。'寶鑒'雲：印綬財傷，母年早喪。'奧旨'雲：印綬被傷，失宗業，拋離故里。'絡繹賦'雲：印臨子位，受子之榮。'千里馬'雲：逢印看官，而遇官十有七貴。'造微論'雲：印綬逢華，尊居翰苑。'萬祺賦'

雲：正印見財則凶，逢官則吉，有官無印，縱富貴而傷殘，有印無官，縱榮華而有失，四柱愁逢死絶，三元喜見長生。古詩雲：命逢印綬福非經，年少從容享見成，旺相印多偏福厚，受恩承蔭立功名。又：月逢印綬喜官星，運入官鄕福必淸，死絶運臨身不利，再行財運百無成。又：印綬無虧享福全，爲官承蔭有田園，官膺宣敕盈財谷，日用盤餐費萬錢。又：重重印綬格淸奇，更要支中仔細推，支上咸池幹帶合，風流浪蕩破家兒。又：印綬重重享見成，食神只恐暗相刑，早年若不歸泉路，孤苦離鄕宿疾縈。又：印綬不宜身太旺，總然無事也平常，除非原命多官煞，卻有聲名作棟樑。又：印綬生人旺氣純，官煞多遇轉精神，印行死絶並財地，無救終爲泉下人。合諸說，觀印綬喜忌見矣。

時逢生印

如甲日子時，取子中癸水爲印，資助日主，其人足智多謀，安享食祿，年月上要見辛官生印，運行西北，官印乃爲貴命，若柱逢戊己土重，更有午字衝破，運曆東南，官印衰絶，百事無成，公吏肆市人也。

胞胎逢印綬

經雲：胞胎逢印綬，祿享千鍾。如庚寅、辛卯、丙申、乙酉等，日時月令逢印綬之地，主貴。經雲：時日胞胎格，月通印綬，逢煞官印運助，職位列三公。

棄印就財

經雲：棄印就財明偏正，印綬忌財，此理甚明。正印居月令者，決不可見財，若居年時，月令見財只用財格，喜印生身，敵財爲福。若偏印，月令年時見財無妨，爲棄印就財，舍輕用重。如壬生申月，丙生寅月，坐長生之地，年時得財，卽身旺喜見財地，如此造化，必主棄祖基而自創別業立身。

論倒食

倒食卽偏印之謂，一名呑啖煞，食神最忌見之。如甲生丙火爲食，火能生土，爲甲之財，財旺生金，爲甲之官，食神生旺，財官備矣。今甲見壬爲倒食者，壬旺則克了丙火，丙被克去，不能生土，甲無財矣；壬合起丁，傷甲之辛，甲無官矣；壬克去丙，庚煞得安，來傷甲木，甲生災矣。所謂用食忌見者，此也。凡命帶倒食，福薄壽夭，若有制合，如甲日見壬辰、壬戌，辰戌中帶有土制丁合；乙日見癸未、癸醜，醜未中有己制癸；丙日見甲申，丁日見乙巳、乙酉，戊日見丙子、丙申、丙辰，己日見丁亥，庚日見戊寅、戊辰，辛日見己卯、己亥，壬日見庚午、庚戌，癸日見辛巳、辛未。此等偏印不能爲食害，有克制故也。柱中身旺，財官俱生，可取爲福助身，陽日逢之能暗合傷官生財，陰日逢之能暗合財星，柱中無食，只以偏印論。又曰：凡命有食遇梟，猶尊長之制我，不得自由，作事進退悔懶，有始無終，財源屢成屢敗，容貌欹斜，身品瑣小，膽怯心虛，凡事無成，克害六親，幼時克母，長大傷妻子。賦雲：倒食者，名爲偏印，號曰梟神，

値身旺而財豐福厚，遇刑煞則壽夭身貧，財星若見，披星帶月不停留，煞星若生，馳擔息肩無定日，身弱重逢偏印，須愁顔子之傷，正食若遇梟神，未免韓信之

禍，時遇者精神慵懶，重犯者容貌攲斜。'萬祺賦'雲：梟神見官煞，多成多敗，偏印遇財曜，反辱爲榮，身旺爲貴，身弱乃常，有傷官而平生豐潤，值食神則處世伶仃。古詩雲：印星偏者是梟神，柱內最喜見財星，身旺遇此方爲福，身衰梟旺更無情。

如丙戌、丙申、甲戌、壬申，甲見丙食，又見壬倒食，甲生申月受煞制無氣，二丙竊氣，壬水制丙，煞得施行，故無名利。

又如壬申、壬子、甲戌、丙寅，會印歸祿，水精火神之妙，木火通明之象。

又，己未、壬申、甲子、丙寅，以煞化印，歸祿得秀，木火通明，水木淸奇。二命俱大貴。

前忌倒食，逢制合反貴，切不可一見倒食，便以凶論。

論雜氣

雜氣者，乃辰戌醜未，辰中有乙戊癸，爲水土庫；戌中有辛戊丁，爲火庫；醜中有癸辛己，爲金庫；未中有丁己乙，爲木庫。各隨所藏之氣而言，看我日幹，或爲官，或爲財，或爲印，官系福身支物，財是養命之源，印乃資身之本，在人最爲切要。四庫各藏三件，乃天地不正之氣，故以雜言也。經雲：財官印綬全備，藏蓄於四季之中是也。此格喜透露沖刑，忌壓伏，其餘喜忌消詳，與前正氣財官印同。假令六甲日生得醜月，以醜中辛金爲官，己土爲財，癸水爲印，看天干透出何字爲福次，分節氣淺深，何物當令，大概透財者富，透官者貴，印綬享父祖見成之福，受宣敕蔭庇之貴，如無透出，沖刑少許兼身旺爲妙，忌身弱，沖刑太過則福聚之氣散矣。如柱元有破害之物，再不可遇此等運，再行則爲太過，沖壞秀氣，反不爲吉，元無破害，喜沖刑運。

'景鑑'雲：雜氣財官，身旺有沖而發，若太過反受孤貧是也。又雲：雜氣財官格，要四柱財星多，便爲好命，若四柱別入他格，依他格斷。又雲：雜氣財官有正官格、偏官格、正財格、偏財格，雜氣印綬有正印格、偏印格，須分偏正，若偏官，亦要少許制伏則可，若墓庫重疊，元無刑沖，不透貴氣，兼有戊己壓其上，最難發于少年，故曰財官鎖閉少年，不發墓中人是也。又曰：四庫亦是衰養冠帶之鄉，若時上見爲時墓格，與月上同論，但發較晚。如丁亥、戊子、丙申、己醜，丙用醜墓爲財庫，行未運沖醜庫發財。見壬，辰爲官庫，至戌運沖辰庫發官。倘柱中別有戊辰、己醜壓伏庫上，則不

능발재발관 난작호명간 약유충견합 칙우불능충
能發財發官，難作好命看，若有沖見合，則又不能沖

의 우왈 월림고지 동서남북사우지기 여미목행동
矣。又曰：月臨庫地，東西南北四隅之氣，如未木行東

방 술화행남방 진수행북방 추금행서방림고묘 운
方，戌火行南方，辰水行北方，醜金行西方臨庫墓，運

행생왕지지필발 여월림진수기 운전남방 불견회
行生旺之地必發，如月臨辰水氣，運轉南方，不見會

합 지이토론 우왈 고인이오행묘처위창고 약명중
合，只以土論。又曰：古人以五行墓處爲倉庫，若命中

대창고 우태세소극지오행가지 여목인득신미 화인
帶倉庫，遇太歲所克之五行加之，如木人得辛未，火人

득경술 토인득임진 수인득갑진 금인득계추 시위
得庚戌，土人得壬辰，水人得甲辰，金人得癸醜，是謂

고중유재 기인필풍후 약명대묘절 이반치태세소외
庫中有財，其人必豐厚；若命帶墓絶，而反値太歲所畏

지오행가지 여목인득을미 화인득임술 토인득무
之五行加之，如木人得乙未，火人得壬戌，土人得戊

진 금인득기추 수인득병진 위지절처무의 기인필
辰，金人得己醜，水人得丙辰，謂之絶處無依，其人必

체 약오행체상고묘순수이불파 우유복신가림 차량
滯。若五行遞相庫墓純粹而不破，又有福神加臨，此兩

부지격야 약파이생왕 파이사절 유복신가림 칙감
府之格也。若破而生旺，破而死絶，有福神加臨，則減

퇴단지 약극파이무복신 지시백성 차고묘격국 불
退斷之。若克破而無福神，只是百姓。此庫墓格局，不

문귀천 지시일생자기영왕 불리륙친 잉난득자식
問貴賤，只是一生自己榮旺，不利六親，仍難得子息。

有庫頭鬼，乃甲乙人見辛未，忌丁巳；丙丁人見壬戌，忌戊寅；戊己人見甲辰，忌庚寅；庚辛人見丁醜，忌癸巳；壬癸人見戊辰，忌甲寅。一名軒車煞，若犯所忌，主車破輛，馬折足，婦人疾厄，常人致盜。‘神白經’雲：生日犯之得用，若遇時不犯忌，多主富貴，君子早年科甲，常人藝業出衆。有庫頭財，乃甲乙人己未，丙丁人庚戌，戊己人壬辰，庚辛人乙丑，壬癸人丙辰，君子多主錢谷之壬，常人家業從容，卽透出財官論也。如金見己醜火，木見乙未金，水見丙辰土，土見戊辰木，火見壬戌水，如此之格，卽墓中逢鬼，危疑者甚。

古歌雲：雜氣財官用月宮，天干透露始爲豐，財多官旺宜衝破，切忌干支壓伏重。又：雜氣從來自不純，天干透出始爲眞，身強財旺生官祿，運入沖刑聚寶珍。又：月令提綱不可沖，十沖九命皆爲凶，惟有財官逢墓庫，運行到此反成功。又：時墓逢官主發遲，喜逢沖克最爲奇，鎭壓不來臨貴處，官高職顯兩相宜。又：少年不發墓中人，皆爲財官閉庫門，破害故能開鎖鑰，壓藏終是受苦辛；丁壬本取辰爲墓，戊土來傷富作貧，乙卯甲寅同救濟，財星湧出自然榮。又曰：雜氣財官與印同，格中最忌鬼財重，但宜我多生爲上，雖喜逢他要得中；若是財多宜退職，如逢官旺福無窮，貪財壞印君須記，蝸角蠅頭枉費心。又：財官雜氣庫中藏，最喜生身入旺鄉，煞重身輕宜制伏，財多庫實要衝傷；五行有取尋他格，四柱無情反有箋，歲運若臨財旺地，聲名日進甚高强。

附論墓運

秘訣雲：幼年不宜逢墓庫，老年値此卻豐隆。又雲：

旺官旺印與旺財，入墓有禍；傷官食神並身旺，遇庫輿災。又雲：旺煞入墓，壽算難延。可見凡官印傷官七煞爲用神者，俱忌行墓庫之運，惟晩年行自庫地則吉。

論傷官

傷官者，我生彼之謂，乃甲見丁、乙見丙之類，甲用辛爲官，丁火乘旺，盜我之氣，克制辛金，使不輔甲爲貴，故名傷官。傷官格務要傷盡，方作貴看，元有官星，傷之則重。經雲："傷官見官，禍患百端"是也。傷官雖凶，乃我所生，自家之物，傷盡則能生財，財旺則能生官，造化輾轉有情。如月令在傷官，四柱作合結局，皆在傷位，無沖無破，不見一點官星，謂之傷盡。又有月支傷官，時上傷官，四柱無官星，亦謂傷盡。更身旺、財旺或印旺，名標金榜，一品貴人。此格主多材

예 오물기고 심험무기탄 다모소수 롱교성졸 상
藝，傲物氣高，心險無忌憚，多謀少遂，弄巧成拙，常
이천하지인불여기 이인역탄지악지 상관무재주빈
以天下之人不如己， 而人亦憚之惡之。傷官無財主貧
궁 개생재기자즉식신상관 도재기자즉칠살관성 소
窮，蓋生財氣者卽食神傷官，盜財氣者卽七殺官星，所
이상관요견재 불요견관 가여갑생오월 목불남분
以傷官要見財，不要見官。假如甲生午月，木不南奔，
신세태유 기가재봉금제 금능도토지기 소이불요견
身勢太柔，豈可再逢金制？金能盜土之氣，所以不要見
관 기무관성 이주각무일점재가시 수총명기교 불
官。旣無官星，而柱卻無一點財可恃，雖聰明機巧，不
과허명허리 경운 상관무재가의 수교필빈 시야
過虛名虛利。經雲"傷官無財可倚，雖巧必貧"是也。
상관격용재 역유용인자 천현부 운 상관용인의거
傷官格用財，亦有用印者。'天玄賦'雲：傷官用印宜去
재 용재의거인 당사재인량전 장하발복 신왕자용
財，用財宜去印，倘使財印兩全，將何發福？身旺者用
재 신약자용인 용인자수거재방능발복 용재자불론
財，身弱者用印，用印者須去財方能發福，用財者不論
인역주형통 상관용인 불기관살 거재방발 원범상
印亦主亨通，傷官用印，不忌官煞，去財方發，元犯傷
관 수요견재칙발 상관최희행재운 인수신왕차지
官，須要見財則發。傷官最喜行財運，印綬身旺次之，
불희행관향 사주상관다이견관자 불의복행상운 일
不喜行官鄕，四柱傷官多而見官者，不宜複行傷運，一
위무방 우왈 상관격무요상진 약주견상관 이관성
位無妨。又曰：傷官格務要傷盡，若柱見傷官，而官星

隱顯，傷之不盡，歲運再見官星，官來乘旺，再見刑衝破害，刃煞克身，身弱財旺，必主徒流死亡，五行有救，亦殘疾。若四柱無官而遇傷煞重者，運入官鄕，歲君又遇，若不目疾，必主災破。

經云：五行傷官，惟火人土傷官，土人金傷官忌見官星，若金人水，水人木，木人火，不忌。蓋火以水爲官，以土爲傷，水畏土克，土得水無益；土以木爲官，以金爲傷，木畏金克，金得木無益，所以火土傷官格忌見官星。金以水爲傷，以火爲官，水雖克火，若金寒水冷，不得火溫，難以濟物，況水得火成旣濟之功；水以木爲傷，以土爲官，木雖克土，若水泛木浮，不得土止，難以存活，況木得土成栽培之力；木以火爲傷，以金爲官，火雖克金，若木繁火息，不得金削脫，

難以通明，況金得火成器物之象，所以金水木傷官格

불기관성 고경운 상관화토의상진 금수상관요견
不忌官星。故經雲：“傷官火土宜傷盡，金水傷官要見
관 목화견관관요왕 토금관거반성관 유유수목상관
官，木火見官官要旺，土金官去反成官，惟有水木傷官
격 재관량견시위환 시야 우왈 상관상진 역유불
格，財官兩見始爲歡”是也。又曰：傷官傷盡，亦有不
작복자 상관견관 역유불작화자 여일명정미 정
作福者，傷官見官，亦有不作禍者。如一命丁未、丁
미 병오 병오 병일좌오 일주자왕 유이오 이
未、丙午、丙午，丙日坐午，日主自旺，有二午、二
정 이미 재관구상 수상관상진 내사주화기태왕
丁、二未，財官俱傷，雖傷官傷盡，奈四柱火氣太旺，
절기우중 운행동남화왕지향 무일점재기 신공왕무
竊氣又重，運行東南火旺之鄉，無一點財氣，身空旺無
의 지빈지인 절불가견상관상진신왕 편작호명간
倚，至貧之人，切不可見傷官傷盡身旺，便作好命看。
우여갑일생인 주유신위관 우유정상관 약생추월관
又如甲日生人，柱有身爲官，又有丁傷官，若生秋月官
왕 수봉정화혹거해 자지상 혹견오복임 계지하
旺，雖逢丁火或居亥、子之上，或見午伏壬、癸之下，
즉정불능상관 종위유관작지명 세운우살관인수 구
則丁不能傷官，終爲有官爵之命，歲運遇煞官印綬，俱
길 기신쇠패운 절 불가견상관격유관성 편불작호
吉，忌身衰敗運，切，不可見傷官格有官星，便不作好
명간 우왈 인명원유사소상관 불능손귀기 혹운입
命看。又曰：人命原有些小傷官，不能損貴氣，或運入
관향 관자왕강건 혹입인운제복상살 혹유재생조
官鄉，官自旺強健，或入印運制伏傷煞，或有財生助，

혹종화입어별격 불실위호명 파재행상지 병이불기
或從化入於別格，不失爲好命，怕再行傷地，病而不起
자유지 부칙문서구설 관사파패 앙화종지 주원유
者有之，否則文書口舌，官事破敗，殃禍踵至。柱元有
재 우행재운 역가성취공명리록 일행관살지 혹재
財，又行財運，亦可成就功名利祿，一行官煞地，或財
쇠패사절지 즉실재록 비관송칙상복중병 우왈 사
衰敗死絕地，卽失財祿，非官訟則喪服重並。又曰：四
주상관 유년간상관최중 위지복기수상 종신불가제
柱傷官，惟年幹傷官最重，謂之福基受傷，終身不可除
거 약월지경유 심어상신칠살 여갑일인 이신위
去，若月支更有，甚於傷身七煞。如甲日人，以辛爲
관 견정묘년 생인오술월 시상관중범 우유묘위겁
官，見丁卯年，生寅午戌月，是傷官重犯，又有卯爲劫
인 명배록축마 주위인퇴회 반상조음 운행관향
刃，名背祿逐馬，主爲人退悔，反傷祖蔭，運行官鄉，
류년재견 혹살왕신약운 필화 약월령진정상관 우
流年再見，或煞旺身弱運，必禍。若月令眞正傷官，又
견관성 여갑일생오월 견신미시 오중정화상신 을
見官星，如甲日生午月，見辛未時，午中丁火傷辛；乙
일생사월 견경혹갑신시 사중병화상경 병일오월
日生巳月，見庚或甲申時，巳中丙火傷庚；丙日午月，
견무자 계사시 오중기토상계지례 대요일주건왕
見戊子、癸巳時，午中己土傷癸之例。大要日主健旺，
재림상관운 가발명리 일주미약 운력재관향 화불
再臨傷官運，可發名利，日主微弱，運曆財官鄉，禍不
가언 우왈 상관 여갑일견정 희임합계파 을견
可言。又曰：傷官，如甲日見丁，喜壬合癸破；乙見

丙，喜辛合壬破；丙見己，喜甲合乙破；丁見戊，喜癸合甲破；戊見辛，喜丙合丁破；己見庚，喜乙合丙破；庚見癸，喜戊合己破；癸見甲，喜己合庚破。

‘萬祺’雲：傷官元辰無官星，又行傷官運，此爲竊氣太過，卽一木疊逢火位，名爲散氣之文，非貧則夭，喜身旺及官鄕，傷官見官，再剝再滯，運入官鄕局中，反吉，卽傷官傷盡卻喜見官星。傷官若帶財見印，禍不輕。傷官若帶印，官煞不爲刑，傷官多者宜行印，卽食多用印。傷官

少者又行印鄕，卽梟神奪食。傷官若帶印，不宜逢財，傷官若帶官，不宜行制伏，傷官用財，不宜行此劫，傷官用印，不忌見官煞，傷官若見官星重疊，莫作官星論。傷官用官，在年月必要剝官，運在日時，不宜被傷，一見被傷，禍不可言，不可臨墓，住壽難延。

'千裏馬'雲：傷官見官，妙入印財之地。文雲：傷官逢財而有子。'相心賦'雲：傷官傷盡，多藝多能，使心機而傲物氣高，多譎詐而侮人志大，顴高骨峻，眼大眉粗。'景鑒'雲：傷官無財而帶刃，行奸弄巧。'通明賦'雲：重見傷官，身必辛勤勞苦。文雲：傷官多而身旺無依，定爲僧道藝術爲士。秘訣雲：傷官太重，子必有携。文雲：年帶傷官，父母不全，月帶傷官，兄弟不完，時整傷官，子息凶頑，日帶傷官，妻妾不賢。又雲：傷官不盡，須防不測之災，傷官逢財，乃享優遊之福，七煞同來，疾損須憂，身旺無依，孤克難免，傷官遇劫，聚財如柳絮隨風，傷官無印，求利似荷錢擎雨。

古歌雲：傷官原是產業神，傷盡眞爲大貴人，若是傷官傷不盡，官來乘旺禍非經。文：月令逢官在傷鄉，傷輕減力尚無妨，若見刑沖並破害，定知爲官不久長。

우 상관상진복생재 재왕생관호환래 사주약무관현
又：傷官傷盡複生財，財旺生官互換來，四柱若無官顯
로 편언부귀막의시 우 상관우자본비의 재유관무
露，便言富貴莫疑猜。又：傷官遇者本非宜，財有官無
시복기 시일월상관격국 운행재왕귀무의 우 상관
是福基，時日月傷官格局，運行財旺貴無疑。又：傷官
상진시위기 우공상다반불의 차격국중천변화 상추
傷盡始爲奇，又恐傷多反不宜，此格局中千變化，詳推
수요용심기 우 상관무관최기박 운입관향반견기
須要用心機。又：傷官無官最忌剝，運入官鄕反見奇，
세운명중봉인수 성위부귀정무의 우 상관불기비견
歲運命中逢印綬，誠爲富貴定無疑。又：傷官不忌比肩
봉 칠살편관리역동 약시무관당기비 여봉신왕각혐
逢，七煞偏官理亦同，若是無官當忌比，如逢身旺卻嫌
중 우 상관불진우봉관 참교도류화백단 월범부자
重。又：傷官不盡又逢官，斬絞徒流禍百端，月犯父子
무전미 일범자기주상잔 시상자식다랑패 수지부귀
無全美，日犯自己主傷殘；時傷子息多狼狽，須知富貴
불주전 약시상관거태세 필초횡화봉사년 합제설관
不周全，若是傷官居太歲，必招橫禍逢斯年。合諸設觀
지 상관희기진의
之，傷官喜忌盡矣。

론식신
論食神

식신자 일간소생순수제삼위 내갑식병 을식정지
食神者，日幹所生順數弟三位，乃甲食丙、乙食丁之

例。

甲生丙爲洩氣，丙生戊爲甲偏財，偏財是天祿自然之財，不勞己之心力，享見成福祿。甲丙有父子之道，如子旺相，生起財祿以奉其父母，豈不安享？又甲見庚爲煞，見戊爲財，其食神丙火能制伏庚煞，使不得克傷甲木，能生戊財，使爲甲木所用。凡命遇財煞之地，食神旺相，煞被食制，不敢爲禍，財被食生，充裕不竭，故食神一名壽星，一名爵星，良有以也。此格要日主食神俱生旺，無衝破，主人財厚食豐，福量寬弘，肥體肥大，優遊自足，有子息，有壽考。四柱見財食在歲月上，祖父蔭業豐隆，在日時，妻男獲福，怕母子俱衰絕，兩皆無成。故經雲：“食神宜食生食旺，不可食衰食絕。”文雲：“食神生旺，勝似財官”是也。食神大忌偏印爲倒食，主爲人有始無終，容貌欹邪，身材瑣小，心性局促，多愁無成。假如甲見丙爲食，柱中有壬作甲木偏印，克制丙火不能生戊土，不能制庚金，使甲木受制退財，豈不窘乎？'元理賦'雲：食神制煞，逢梟不貧則夭。'一行'雲：陽日食神暗合官星，陰日食神暗合正印，官印不要明顯，但得食神純粹，主貴而有祿，富而有壽，食神只宜一位，不宜太多，恐竊本元之氣。經雲："一木疊逢火位，名爲散氣之父"是也。

食多者宜行印運，食少者不宜，是梟神奪食，故食喜旺祿相助，月令建祿最佳，時祿次之，更逢貴人運，行食神生旺之地，大地福祿。忌身衰梟旺，柱中雖喜見財，亦不宜多，多則不淸，不過一富翁而已。食神重見，變爲傷官，令人少子，縱有，或帶破拗性，又不可入墓，卽是傷官入墓，住壽難延。大忌空亡，更有官煞顯露，爲太醫師巫術數九流之士，若食神逢克，又遇空亡，則不貴，再行死絶或梟運，則因食上氣上生災，翻胃噎食，缺衣食，忍饑寒而已。又曰：甲日食丙，柱中無壬癸亥子方好，如有水氣，丙自受制，屈伏於人，己身不能卓立，豈能生物以養其父？如無此制，又要生旺向祿，如丙生夏月，運曆東南，火土俱旺，其甲用財必厚。若生三春甲旺，丙火雖得生，不知戊己氣薄，須曆南方火土俱旺，方許發福。又如庚以壬爲食，運曆北方水旺之地，發財必厚，東方木旺之鄕，發福必緊。細論之，庚以壬爲食，長生于申，當斷申地福重，暴敗在酉，壬水至酉，便不爲佳，以壬生甲木爲庚之財，卽自生分發身之財，非婚配正妻之財，甲至酉地爲木困金鄕，壬水自敗，木豈能助養其父？當斷此運平平。行至戌運，如幹遇壬甲，亦只斷其半吉半凶，逢戊可斷其有災，見庚可斷其微福。亥運當言其大吉，子運癸水傷官，傷重泄本身之氣，又庚死於子，甲敗於子，當斷生禍身災。運至醜，庚金之庫，水旺之鄉，又有己醜助庚甲冠帶成人之地，可斷此十年發。寅運亦吉，卯運有災，餘例此推。又曰：食神忌梟，亦有不畏者。如己亥不畏丁倒食，丁與壬合化木，而壬祿在亥；丙午不畏甲倒食，甲與己合化土，而己祿在午；乙巳不畏癸倒食，戊癸化火，乙巳亦火；癸巳不畏辛倒食，丙辛化水，癸貴在巳；庚爲衆陽之首，不畏戊倒食，戊，陽氣歸源之數，見戊作喜神論；已不倒食辛，陰氣初發散之源；庚不倒食壬，陽氣初發散之源；辛有丁，不畏己倒食，爲丁養育辛金也，況有丁處便有己土，陰陽干涉，得淸福之助。

食神者，十幹福祿之會，君子得之顯達豐贍，小人得之周旋給足，在福聚之地則官崇祿厚，在禍聚之地則職卑命薄。如以甲子論，食丙子爲福星之貴，食丙寅爲長生之祿，又爲祿馬同鄕，食神學堂之貴，丙辰爲正印，丙午爲自刑破命，丙申爲克身破祿，丙戌爲身衰破空亡，餘幹例推。若遇生旺、庫、印、天乙、天官、華蓋、文星、學堂、官印祿馬之類，爲福聚之地，遇克破、空亡、惡煞、刑害、休、敗、死、絶，爲禍聚之地。又曰：甲乙食丙丁，加寅卯巳午之上；丙丁食戊己，加辰戌醜未之上；戊己食庚辛，加巳午申酉之上；庚辛食壬癸，加申酉亥子之上；壬癸食甲乙，加亥子寅卯之上，謂之食神見生旺，更帶祿馬旺相，文爲兩制兩省，武爲建節防團，無，亦主財帛豊厚，食神與祿全見，四柱順當爲妙。

'壺中子'雲：犯倒食，在命多被人橈，重疊帶者，在

유아칙언핍유 재로인칙언결식 정식이유여자부
幼兒則言乏乳， 在老人則言缺食。 正食而有餘者富

귀 쟁식이불족자빈천 유여여갑인득량병삼병 불족
貴，爭食而不足者貧賤，有餘如甲人得兩丙三丙，不足

여주중량갑지유일병지류 우왈 일주시간중첩상식
如柱中兩甲止有一丙之類。又曰：日主時幹重疊相食

자 왈탄담뇌자 시일구식 주두풍뇌루 조극모사
者，曰呑啖惱子，時日俱食，主頭風腦漏，早克母死，

후무자송종 약탄중봉탄 여갑인봉임일시 우봉경
後無子送終， 若呑中逢呑， 如甲人逢壬日時， 又逢庚

자 주빈사구학 유간합해칙완 상심부 운 식신최
字，主貧死溝壑，有幹合解則緩。‘相心賦’雲：食神最

능음식 체후이호구가 오지편 운 월령치식 신건
能飲食，體厚而好謳歌。‘奧旨篇’雲：月令值食，身健

왕 선음식 자질풍비 사주유길요상부 퇴금적옥
旺，善飲食，姿質豐肥，四柱有吉曜相扶，堆金積玉，

성명현저 유미부 운 식신왕상 로수미고 원리
聲名顯著。‘幽微賦’雲：食神旺相， 老壽彌高。‘元理

부 운 식거선 살거후 공명현달 보감부 운 월로
賦’雲：食居先，煞居後，功名顯達。‘寶鑑賦’雲：月露

식신시로관 영현오태조국신 만기부 운 식신명위
食神時露官，榮顯烏台助國臣。‘萬祺賦’運：食神名爲

길요제살 호칭수성 간강일왕 부귀지사 식왕신
吉曜制煞， 號稱壽星， 幹强日旺， 富貴之士， 食旺身

쇠 층등지인 봉재왕칙식전방장 우인수칙증저생
衰， 層蹬之人， 逢財旺則食前方丈， 遇印綬則甑底生

진 견일위자종명정내 이삼자루항점표 양인중림
塵，見一位者鍾銘鼎鼐，二三者陋巷簞瓢，羊刃重臨，

평생로록 형극상회 일세분파
平生勞祿，刑克相會，一世奔波。

고가운 식신제살길비상 재왕처영자경강 주중약
古歌雲：食神制煞吉非常，財旺妻榮子更强，柱中若
요탄담살 관교금전좌군왕 우 식신봉록호천주 충
要呑啖煞，管敎金殿佐君王。又：食神逢祿號天廚，沖
극공망관살무 사절운림편인지 수성합처복교부
克空亡官煞無，死絕運臨偏印地，壽星合處福交孚。
우 식신인수불의봉 유견재관복경륭 식신희행신왕
又：食神印綬不宜逢，惟見財官福更隆，食神喜行身旺
지 봉효봉비총성공 우 식신생왕최감 과 유행수
地，逢梟逢比總成空。又：食神生旺最堪言誇，惟行水
목토금가 관살경무래혼잡 평생의록족영화 우 갑
木土金佳，官煞更無來混雜，平生衣祿足榮華。又：甲
인견병본도기 병거생재호식신 심관체반의록후 약
人見丙本盜氣，丙去生財號食神，心寬體胖衣祿厚，若
림편인주고빈 우 식신생왕무형극 명봉차격승재
臨偏印主孤貧。又：食神生旺無刑克，命逢此格勝財
관 경득신왕봉재지 청춘년소보금란 우 식신무손
官，更得身旺逢財地，青春年少步金鑾。又：食神無損
수면장 서모봉지불가당 약무편재래구호 명여추초
壽綿長，庶母逢之不可當，若無扁財來救護，命如秋草
대동상 우 식신월상호천주 인명봉지부유여 절기
帶冬霜。又：食神月上號天廚，人命逢之富有餘，切忌
효래명감복 최혐충거암소제 생재화귀겸무병 제살
梟來明減福，最嫌沖去暗消除。生財化鬼兼無病，制煞
위상신유저 사자여봉리갑제 관봉요직령천서 합제
爲祥信有儲，士子如逢利甲第，官封要職領天書。合諸

說，觀食神喜忌盡矣。

飛天祿馬

'喜忌篇'雲：若逢傷官月建，如凶處未必爲凶，內有倒祿飛沖，忌官星，亦嫌羈絆，以格唯有四日：庚子、壬子、辛亥、癸亥，生十月、十一月冬水純陰，柱無財官，方用。又須月時或年與日同支，方能並沖。忌官星顯露，祿難飛沖，合神羈絆，不能飛沖，要柱中有一字合柱祿馬，方不走了貴氣。喜傷官、食神及干支本運。假令庚子日、庚以丁火爲官，在子月生，是傷官月建，可謂凶處，若子字多，沖出午中丁火，則庚日得官星，未可便以凶論，柱要有未或寅、戌，但得一字合午爲妙，若有醜羈絆，者去貪合，不能沖午中之祿，見丁字爲官露，丙爲煞顯，午字塡實，戊呑啖，則減分數，歲運同。壬子日，壬以己土爲官，要柱中子字多，沖午中己土，則壬日得官星，其喜忌與庚子日同。辛亥日，辛用丙火爲官，癸亥日，癸用戊土爲官，俱要四柱亥字多，沖出己中丙、戊，則辛、癸得官星，柱有申或酉、醜，但得一作合爲妙，多則不中，有寅羈絆，則亥貪合，不能沖己中之祿，見丙、戊、己爲官星露，減分數，歲運同。古歌曰：正沖之格是庚壬，子去沖官祿自亨，四柱更逢寅戌未，三字得一合功名。又：庚壬子月號沖官，午動丁移己亦遷，專實破刑俱不犯，英名魁譽四方傳。又：祿馬飛天識者稀，庚壬重子貴非疑，柱無羈絆官顯現，平步青雲倒鳳池。又：辛癸沖官亥日重，巳中丙戊祿來崇，更逢酉醜申居命，得一合神便貴榮。又：日逢辛癸支臨亥，酉醜加申合貴人，四柱相扶無戊己，威風千里振英聲。

倒沖祿(도충록)

傷官月建(상관월건), 內有倒沖祿馬格(내유도충록마격), 喜忌與飛天同(희기여비천동), 惟時不論(유시불론)。

此格止有二日(차격지유이일)：丙午(병오)、丁巳(정사), 夏日純陽(하일순양), 丙以癸水爲官(병이계수위관), 要柱中午多有力(요주중오다유력), 沖出子中癸水(충출자중계수), 則丙日得官星(칙병일득관성)；丁以壬水爲官(정이임수위관), 要柱中巳多有力(요주중사다유력), 沖出亥中壬水(충출해중임수), 則丁日得官星(칙정일득관성)。更得醜寅或申辰卯未(경득추인혹신진묘미), 但有一字合住祿馬爲妙(단유일자합주록마위묘), 多則不中(다칙불중)。丙午日怕未(병오일파미), 丁巳日怕申辰等字羈絆(정사일파신진등자기반), 則巳午貪合(칙사오탐합), 不能衝子亥中之祿(불능충자해중지록), 柱有亥壬子癸爲煞官顯露(주유해임자계위살관현로), 則減分數(칙감분수), 歲運同(세운동)。古歌雲(고가운)：丙日無官局午多(병일무관국오다), 倒沖祿馬癸官和(도충록마계관화), 不逢未子來羈絆(불봉미자래기반), 癸子俱無福嵯峨(계자구무복차아)。又(우)：倒沖貴氣不同倫(도충귀기불동륜), 丙午飛衝子祿神(병오비충자록신), 癸水克來(계수극래)

是貴祿，刑傷塡實是常人。又：倒沖祿馬貴非常，丙日多逢午位良，七煞不逢並惹絆，白衣平步入朝堂。又：丁日蛇多是倒沖，官星飛起出乾宮，柱不見亥壬字，辰不留蛇福貴隆。又：丁日沖官巳要强，亥爲壬祿貴人鄕，柱中不見辰壬癸，歲運相扶福祿昌。

福星貴人

乃甲人見丙寅、丙子，乙人見丁亥、丁醜，遁得本旬中眞食神，主享受自然，遇者非貴亦富，餘倒推。前人作'甲丙相邀入虎鄕歌'，是以年論，故有丙寅、丙子，若以日遯則非。

食神同窠

謂甲食丙，甲子人見丙子之類，十三位卽同，乃本家

물야 득차자불귀즉부 월불여일 일불여시 약호환
物也, 得此者不貴卽富, 月不如日, 日不如時, 若互換
생왕대록 귀자대귀 여한위공 무신 경신 경진
生旺帶祿, 貴者大貴。如韓魏公：戊申、庚申、庚辰、
경진 송진회 경오 기추 을묘 임오 우명왕숭고
庚辰；宋秦檜：庚午、己醜、乙卯、壬午；文明王崇古
소보 을해 신사 무신 경신시야 여도식본가 갑
少保：乙亥、辛巳、戊申、庚申是也。如倒食本家, 甲
자년견임자시 경자년견무자시 역귀 단손자
子年見壬子時, 庚子年見戊子時, 亦貴, 但損子。

식신대합
食神帶合

위갑인견병유신합 기인견신유병합 을견정임 경
謂甲人見丙有辛合, 己人見辛有丙合, 乙見丁壬, 庚
견임정 병견무계 신견계무지례 주위관유권인
見壬丁, 丙見戊癸, 辛見癸戊之例, 主爲官有權印。

홍란천인
紅鸞天印

위병식무이득무술 신식계이득계추 임갑진 을정
謂丙食戊而得戊戌, 辛食癸而得癸醜, 壬甲辰, 乙丁
미 일시득지 주부귀
未, 日時得之, 主富貴。

墨池湧泉

謂辛巳得癸巳、癸亥。如陳朝議：辛巳、壬辰、癸巳、癸亥是也。推此類，丙寅愛戊寅，戊申愛庚申，己巳愛辛亥，庚午愛壬申，甲戌愛丙寅，壬辰愛甲申，皆同此格，主文貴。

論陽刃 (前論羊刃煞與此參看)

陽者，陰陽之陽，刃者，刀刃之刃，卽祿前一位，言旺越其分，故險。竊詳甲人見卯，卯中有乙木，乙爲甲弟，能劫其兄之財，沖去酉中辛官，合其庚妻，庚乃甲之七煞，劫財沖官合煞，所以至凶。惟甲丙戊庚壬五陽幹有刃，乙丁己辛癸五陰幹無刃，故曰陽刃。惟見傷官與陽刃同禍，故乙見丙亦謂之刃，以丙傷其庚官，合辛

살 극기을목 음금극음목지독 소이흉여양인동 양
煞，克其乙木，陰金克陰木至毒，所以凶與陽刃同。陽
인유삼 유겁재인 갑견을시야 불리재관격 유호록
刃有三，有劫財刃，甲見乙是也，不利財官格，有護祿
인 갑견묘시야 대리귀록격 유배록인 을병시야
刃；甲見卯是也，大利歸祿格；有背祿刃，乙丙是也，
대리거관류살국 희기편 운 겁재양인 절기시봉
大利去官留煞局。'喜忌篇'雲：劫財陽刃，切忌時逢，
세운병림 재앙립지 독양인이시언 중어년월일야
歲運並臨，災殃立至，獨陽刃以時言，重於年月日也。
가령갑일생인 시상견을묘 차시진인 명중기봉양
假令甲日生人，時上見乙卯，此是眞刃，命中旣逢陽
인 상처파재 재앙이배태의 류년세운재우양인 시
刃，傷妻破財，災殃已胚胎矣，流年歲運再遇羊刃，是
위병림 견사유시충세군 견해미술시합세군 양인
謂並臨，見巳酉是沖歲君，見亥未戌是合歲君，陽刃，
흉살야 태세 흉신야 태세득길신상부 합칙길 약
凶煞也，太歲，凶神也，太歲得吉神相扶，合則吉，若
양인흉살래충합세군 시위찬흉취살 기화난면 경
陽刃凶煞來沖合歲君，是謂攢凶聚煞，其禍難免。經
운 양인충합세군 발연화지 차지위야 중간역요상
雲：陽刃沖合歲君，勃然禍至，此之謂也。中間亦要詳
변 명원천박 우차성연 약명왕병기심후 혹유천월
辨，命元遷薄，遇此誠然，若命旺秉氣深厚，或有天月
덕급사문해구 지유부실 역무대구 혹일주원유인
德及赦文解救，止有浮實，亦無大咎。或日柱原有刃，
견충혹합 세운재림충합 대흉 약세충합이운불충
見沖或合，歲運再臨沖合，大凶，若歲沖合而運不沖

合，運沖合而歲不沖合，其禍澈半論。又曰：日幹無氣，時逢陽刃不爲凶。言生日天元臨死絶衰病暴敗之地，不通月氣，不能勝任財官，若逢陽刃，能劫財化煞，譬如兄力弱財重，得弟分任，則可勝其財而爲我用，所以不作凶論。夫身弱見財官，固喜陽刃分財合煞，若見食傷，身弱脫氣，亦喜陽刃扶持，若見印綬，則非日幹無氣矣。先言忌陽刃刃者，身强力能任財，故不喜劫奪，後言喜陽刃者，身弱力不住財，故不忌劫奪，義各有取。此格與傷官相似，凡命値之，主眼大須黃，性剛心高，無惻隱慈惠之心，有刻剝不恤之意，多帶宿與疾，貪暴不足，進退抓疑，偏生庶出，離祖過房，克父傷妻，或見三刑，或自刑魁罡，全發跡邊疆，如更無情或臨財旺，主凶，若刑害俱全，類皆得地，又有救神，貴不可言。又曰：陽刃格，大慨不宜財鄕，怕

충기 여무일인재오 기행자정재운 임일인재자 기

沖起，如戊日刃在午，忌行子正財運；壬日刃在子，忌

행오정재운 경일인재유 기행묘정재운 독갑일인재

行午正財運；庚日刃在酉，忌行卯正財運；獨甲日刃在

묘 행사오병진술추미재운불방 기유운 병재인재

卯，行巳午並辰戌醜未財運不妨，忌酉運；丙在刃在

오 행신유경신추재운불방 기자운 시양인소기지

午，行申酉庚辛醜財運不妨，忌子運。是陽刃所忌之

재 무인오견자재 임인자견오재 경인유견묘재 개

財，戊刃午見子財，壬刃子見午財，庚刃酉見卯財，皆

충지재 고기지 지갑인묘불기무기사오지재 차기유

沖之財，故忌之，至甲刃卯不忌戊己巳午之財，且忌酉

관의 병인오불기경신신유지재 차기자관의 가개위

官矣，丙刃午不忌庚辛申酉之財，且忌子官矣，可概謂

기재호 약천간생관지재 정위용신 방차희지 기가

忌財乎?若天干生官之財，正爲用神，方且喜之，豈可

위기 심경운 양인중중우견재 부귀요금백 차지위

爲忌. ‘心境’雲：陽刃重重又見財，富貴饒金帛，此之謂

야 혹왈갑무경견인봉충 발화다험 임병봉인견자오

也. 或曰甲戊庚見刃逢沖，發禍多驗，壬丙逢刃見子午

충 다무화 이병견자 임견오구위정관 반작귀기론

沖，多無禍，以丙見子、壬見午俱爲正官，反作貴氣論

야우왈 갑이기위처재 사주각유묘을 기토수상 불

也.又曰：甲以己爲妻財，四柱卻有卯乙，己土受傷，不

능부갑 고주박상처자 세운복림 겁인왕상 성소불

能扶甲，故主剝喪妻子，歲運複臨，劫刃旺相，誠所不

면 여별위봉경신유신 경능요을위처 즉성권속 불

免，如別位逢庚辛酉申，庚能遙乙爲妻，卽成眷屬，不

위갑지칠살 신보갑위귀 능극파을살 반흉위길
爲甲之七煞, 辛輔甲爲貴, 能克破乙煞, 反凶爲吉.

경운 갑이을매처경 흉위길조 시야 여간례차
經雲："甲以乙妹妻庚, 凶爲吉兆"是也。餘幹例此。

우왈 륙갑일봉을묘흉 신묘길 갑신정묘불위인 신
又曰：六甲日逢乙卯凶, 辛卯吉, 甲申丁卯不爲刃, 申
중유경합묘중을목위재 약유재로 역흉 정화상관
中有庚合卯中乙木爲財, 若有財露, 亦凶, 丁火傷官,
을목탈재 세운병림 재화불면 을유일견경진시 비
乙木奪財, 歲運並臨, 災禍不免。乙酉日見庚辰時, 非
인 을좌경하유중신금 제진중을목 병자일견갑오
刃, 乙坐庚下酉中辛金, 制辰中乙木。丙子日見甲午
시 비인 자중계수극오중정화 정해일견정미시 비
時, 非刃, 子中癸水克午中丁火。丁亥日見丁未時, 非
인 해중오수합정 경오일견을유시 비인 오중정화
刃, 亥中午水合丁。庚午日見乙酉時, 非刃, 午中丁火
제신 임오일견경자시 비인 오중기토제계 신사일
制辛。壬午日見庚子時, 非刃, 午中己土制癸。辛巳日
견무술시 비인 사중병화합신 계사일견계축시 비
見戊戌時, 非刃, 巳中丙火合辛。癸巳日見癸丑時, 非
인 사중무토합계 이상제일 우자불의견형충파해
刃, 巳中戊土合癸。以上諸日, 遇者不宜見刑衝破害,
무칙이호명단지
無則以好命斷之。

우왈 양인자 천상지흉성 인간지악살 희편관
又曰：陽刃者, 天上之凶星, 人間之惡煞, 喜偏官、

印綬，忌反吟、伏吟、魁罡、三合，大率與七煞相似，故陽刃喜見七煞，七煞喜見陽刃，兩凶互相制伏，猶正官喜正印，善類合善類爲福。經雲：煞無刃不顯，刃無煞不威，煞刃俱全，常人無有，更身旺不見傷官爲妙，若命元有煞刃，歲運又逢，或有刃無煞，歲運逢煞運之鄉，俱發大福。如命有刃有印無煞，歲運逢煞，反轉成厚福。若柱無刃煞，命合財官，歲運複遇刃煞，主一歲蹇滯，因財爭競，兄弟分居，離妻去妾，若元無刃，行刃運雖不妨，亦主有克妻之事，元有刃，歲運切不宜再見及傷官財地，原帶傷官財星，歲運再逢，禍害極重，身弱尤凶。又曰：日刃止有三日，戊午、丙午、壬子，與陽刃同法。

經曰：赤黃馬獨臥，黑鼠守空房，男妨妻，女妨夫，指此三日也。　不喜刑衝破害三會六合，　要有七煞相制，再行官印鄉，便爲好命。

賦雲：日刃大忌沖合，喜官煞相制，合刑者凶，遇印者吉，有煞無刃，施爲有勇無威，有刃無煞，作事濁而不顯，無煞遇煞，竊恐禍患相侵，有刃遇刃，須忌災危相犯，刃生身死，其年難作吉推，財旺官傷，此歲不作凶斷。又曰：戊午日，歲月見火多，則以印綬論；壬子日，月時見子多，則以飛天綠馬論；丙午見午多，亦以倒沖祿馬論。又自刃有三日：癸醜、丁醜、丁未、己未，因坐下比肩陽刃；飛刃有四日：丙子、丁醜、戊子、己醜，因作下沖出陽刃，與前日刃喜忌大同。

年上陽刃與時上陽刃最重，年上主破敗祖基，不受父母產業，平生施恩反怨；時上主克妻子，晚無結果，四柱再逢，手足災疾；月上梢輕，日上又輕。人命月日干支帶財多，日幹衰弱，時帶陽刃，無害；月帶七煞，時帶陽刃，日主有氣，大貴；如月帶陽刃，時上薇帶官時，力不能制，亦凶。又曰：男命見敗劫，又見傷官，必克妻子，女命克夫。賦雲：敗財者比肩之曜，劫奪之神，財多身弱，遇之爲奇，財弱身旺，見之爲禍，有財遇劫，運入財鄕，自可成家，無財遇劫，縱非財年，亦須見破，元劫又遇劫運，守窮途而ゐ惶，身旺又加印助，必榮華而發福。

'相心賦'雲："劫財羊刃，離祖成家，外象謙和尙義，內心狠毒無知，有刻剝之意，無恣惠之心。"'心境'運："陽刃重重又見煞，大貴，登甲科。"'千里馬'雲："陽刃扁官有制，膺職掌於兵權。"又雲："男逢陽刃，身弱遇之爲奇。"又雲："羊刃七煞，出仕馳名。"又雲："羊刃入官煞，威鎭邊疆。"'玉匣賦'雲："火金陽刃，綠珠墜

사어고루 우운 양인중중삼사 필수환질맹롱
死於高樓”。又雲：“陽刃重重三四，必須患疾盲聾。”
경신부운 만반양인 필정분시 정진편운 양
‘驚神賦’雲：“滿盤陽刃，必定分屍。”‘定眞篇’雲：“陽
인약봉인수 종부이잔질재신 조미론운 양인봉
刃若逢印綏，縱富而殘疾在身。”‘造微論’雲：“陽刃逢
어오식 정요중범도류 여견범양인살자다고 여계
於五息，定要重犯徒流。”餘見犯羊刃煞者多瞽，如癸
유 무오 무인 계추 병인 경인 병오 을미 정
酉、戊午、戊寅、癸醜；丙寅、庚寅、丙午、乙未；丁
묘 계묘 갑자 을해 삼명개무목
卯、癸卯、甲子、乙亥，三命皆無目。

고가왈 시봉양인희편관 약견재성화백단 세운상
古歌曰：時逢陽刃喜偏官，若見財星禍百端，歲運相
충병상합 발연흥화지문란 우 양인중봉합유상 주
沖並相合，勃然興禍至門蘭。又：陽刃重逢合有傷，主
인심성기고강 형충태중다흉액 유제방능보길창
人心性氣高强，形沖太重多凶厄，有制方能保吉昌。
우 인봉칠살모관향 유파형충록불창 회합경봉재왕
又：刃逢七煞墓官鄉，惟怕刑沖祿不昌，會合更逢財旺
운 예방재화치신앙 우 비견양인격비상 요견관성
運，預防災禍致身殃。又：比肩陽刃格非常，要見官星
여살향 원진약무관살제 재행비겁화난당 우 재성
與煞鄉，元辰若無官煞制，再行比劫禍難當。又：財星
경약인강강 신왕지향대불상 봉과란고청야원 등문
輕弱刃剛强，身旺之鄉大不祥，鳳寡鸞孤淸夜怨，等聞
처극량삼쌍 우 인봉칠살운관향 파해형충귀이상
妻克兩三雙。又：刃逢七煞運官鄉，破害刑沖貴異常，

切忌合逢財旺地，必遭災禍反刑傷。又：日刃還如羊刃同，官星七煞喜支逢，歲君若也無傷刃，支上沖刑立武功。又：羊刃常居在祿前，性剛果毅少慈憐，不宜會合防災至，若見財星禍必纏；有官有煞名顯達，無沖無破祿榮遷，更加刑害魁罡並，發跡邊彊掌重權。

如一命：壬申、壬子、戊午、乙卯，自坐陽刃，二壬申子，財旺且多，子午雖沖，申子會午不能沖，時官制伏陽刃，只作財官格看，所以大貴。又一命：丙戌、癸巳、戊午、丁巳，戊歸祿巳，午雖羊刃，所以獲祿，又印綬化刃，故貴。

論建祿 (此與前論祿同參)

建祿者，乃甲日寅月，乙日卯月，五行臨官之位也。

甲用金爲官，金絶在寅，用土爲財，土病於寅，以身旺太過，財官俱不得，若別無財官可取，再遇劫奪，馬旣不扶，祿又不養，多主貧賤，頗宜時帶偏官、偏財或食神，更看年時上露者取用，若略見財官，反爭奪不吉。

凡命月令建祿，難招祖業，必主平生見財不聚，卻病少壽長，行運再見比肩，克妻妨父損子，或官非破財，或因妻孥財帛爭奪。如八子內外元有財官，引旺得地，官星有助，運臨官星有氣之地，亦貴；財星有助，運臨財旺之地，亦富；財官俱旺，乃富貴之命。若時逢財庫，運至財鄕，必主晩年大富。年上財官有助，必享祖蔭。若四柱元無財官，縱運行財官之地，亦止虛花而已。命無財官，歲運又行比肩，一生貧蹇。賦雲：根在苗先，實在花後。言先有根然後長苗，有花然後結果。若當生歲元無財官，雖遇財官吉運，發福不大。

假如甲日寅月，柱中乙卯未字多，主無祖財，克妻，一世孤貧，作事虛詐，爲人大模樣。乙日生卯月，柱有庚辛巳酉醜申及戊己巳午辰戌等字，財官多則貴，壬癸申子辰亥浮水印成局亦佳，更運逢之尤玅，若柱不見財官印食，同前斷。丙生巳月，歲時干支水金成局，運曆財官旺地，亦主富貴。丁生午月，金敗水絶，財官俱背，順運克妻，逆運克三妻，若柱有巳酉醜庚辛壬癸亥申子辰，運臨財官旺地亦發，用煞或印，以多爲貴，若止建祿，亦同前斷。戊日巳月，年日時無水，主克妻，無祖業，子多不肖，柱中多有官則吉，如見扁官，主尊貴，歲月若是火多及或印綬，雖無財官，主吉，若柱內隱顯壬癸亥申子辰水局，晩子一二，有甲寅乙卯亥未木局，運至財官旺地亦發。

기생오월 이임수위재 오월수수 주무조업 극
己生午月，以壬水爲財，五月水囚，主無祖業，克
처 자역불다 세시투출인갑위정관 오월갑사 관필
妻，子亦不多，歲時透出寅甲爲正官，五月甲死，官必
비소 희견해묘미을 신왕견관살위묘 편재역미 경
卑小，喜見亥卯未乙，身旺見官煞爲妙，編財亦美。庚
일신월 상순생 근목여기 략무조재 수절기림수절
日申月，上旬生，近木餘氣，略無祖財，雖節氣臨水絶
지향 상유삼사분고재위복 운지병술 재진의 약년
之鄉，尙有三四分庫財爲福，運至丙戌，財盡矣，若年
일시다대재 호명간 견병정사오인술화국칙유관 이
日時多帶財，好命看，見丙丁巳午寅戌火局則有官，以
살화관야 관소역불청현 파임계해자 극관불성 신
煞化官也，官小亦不淸顯，怕壬癸亥子，克官不成。辛
일유월 무조재 주중다견분탈 고빈무처 혹극처무
日酉月，無祖財，柱中多見分奪，孤貧無妻，或克妻無
재 약대목화생왕 우당부귀 원무재관 우행생지
財，若帶木火生旺，又當富貴，原無財官，又行生地，
기겁화우중 혹견신유칙위전록 경유재관인식지신
其劫禍尤重，或見辛酉則爲專祿，更有財官印食之神
세운재봉우호 역운남방칙길 순운북방 백사무성
歲運再逢尤好，逆運南方則吉，順運北方，百事無成，
약신묘 신미일신자좌재 가허의록 신사일유귀 관
若辛卯、辛未日身自坐財，可許衣祿，辛巳日有貴，官
록역경 임일해월 계일자월 구무조업 주중다견화
祿亦經。壬日亥月，癸日子月，俱無祖業，柱中多見火
토 주자성립유관 여견수다범람 무성 극처 빈
土，主自成立有官，如見水多氾濫，無成、克妻、貧

薄。又曰：甲日寅月宜壬早時，乙日卯月宜辛巳時，丙日巳月宜己亥時，丁日午月宜庚子時，戊日巳月宜甲寅時，己日午月宜乙丑時，庚日申月宜丙戌時，辛日酉月宜丁酉時，壬日亥月宜戊申時，癸日子月宜己未時。是見煞取貴，然亦不可太多，歲運再逢煞地，主夭折。如一命：壬申年，不祿，歲運沖且會傷官煞也，建祿用財官，傷去丙火，故夭。

‘獨步’運：“月令建祿，多無祖屋，一見財官，自然成福.” 又運：“建祿生提月，財官喜透天，不宜身再旺，惟喜茂財元.” ‘明通賦’雲：“建祿、坐祿或居錄，獨遇財官印綬，富貴長年.” 合諸說，各之子平論建祿與古人論祿，其取用迥不同矣. 余按陽刃，比肩，敗財，建祿，名雖不同，實一家同氣之神，在地支者曰刃，曰祿，在天干者曰比，曰劫，其取用大略相同，故以建祿

계양인지후 건록구무격 근역취이월지 무가취지
繼陽刃之後, 建祿舊無格, 近亦取以月支, 無可取之

격 이천간당유재관귀기 고취건록약비겁 특발명기
格, 而天干倘有財官貴氣, 故取建祿若比劫, 特發明其

의이
義耳.

Epilogue

運命轉移之機, 至捷至微. 非有破家拾命之決心, 非拾棄私人利害之觀念, 不可得也. - 徐樂吾 -

八字定命, 虛神感應.

李修 先生 略歷 [2000 - 2006]

1965년 釜山 생

韓國을 대표하는 世界的 命理學者

predictor@korea.com

1965년 釜山 生의 저자는 2003년 국내 최초로 중국 본토에 전문 역학서인 '적천수적요(滴天髓摘要)' 출간하며 사계(斯界) 최고의 술사(術士)로 부상한 이래, 세계적인 명리학가(命理學家)로서의 행보를 가속화하고 있다. 2005년 AskFuture USA 법인을 설립하고 상수역(象數易)에 근거하여 미국 다우 지수를 위시한 제 거시경제지표의 예측 분석 툴을 개발하는 데 주력하고 있는 한편 사학계(斯學界)의 최대 문파인 '이수문파(李修門派)'를 이끌고 있다.

약력

2000년 역학계 데뷔, 운세 역학 포털사이트 '애스크퓨처닷컴(www.askfuture.com)' 런칭

2001년 한국능률협회, 최고 경영자 과정 세미나 초빙 강연

2002년 중앙일보 이코노미스트, '이수 · 고승덕' 하계 투자 컨설팅 세미나

2003년 스포츠조선 계열사 SCFM 대표이사 취임

2004년 성균관대학교 경영대학원 금융MBA 과정 출강

2005년 매일경제신문, 한국의 창조 인사 20인 선정 '매경창조포럼' 초청 연사

2006년 전국경제인연합회 초청 강연

칼럼 연재 및 기고, 방송 활동

1999년 스포츠조선 '오늘의 운세' 연재

2000년 중앙일보 이코노미스트, 한국경제신문 고정 칼럼니스트

한국경제TV MC 및 패널리스트

- 이코노미스트, '이수 선생의 四柱-테크'
- 한국경제신문, '명사들의 사주 산책'
- 한국경제TV, '국민주식고충처리반'
- 한국경제TV, '동양학으로 보는 증시 예단'

2001년 코리아타임즈(The Korea Times) 칼럼니스트

- 코리아타임즈, 중앙데일리 '매년 國運 예측' 기고
- 이코노미스트, '벤처CEO 추명(推命) 탐방 시리즈'

- 한국경제신문, '십간론 증시 예측'

2002년 중앙일보 '오늘의 운세' 연재

증시 사이트 '팍스넷' 투자분석가(전문 애널리스트) 활동

서울경제신문 '오늘의 재운' 연재

- 한국경제TV, '投資와 命理'

- 한국경제TV, "동양학으로 그려본 2002년 주가그래프"

2003년 스포츠조선 칼럼니스트

- 스포츠조선, '재테크와 역술'

- 이코노미스트, 'CEO 풍수학'

- 월간중앙, '이수의 명리학 강의 - 세기적 인물의 사주학적 운명'

2004년 머니투데이 칼럼니스트

- '매직다우, ^DJI 등락 주간 예측' 연재

- 한국경제TV, '건강충전, 풍수-테크'

2005년 매일경제신문 칼럼니스트

- '財運과 命理' 연재

저술

1997년 '唐四柱' (동학사)

2001년 '滴天髓 써머리' (동학사)

'주가 등락 알 수 있다' (애퓨북스)

2003년 '滴天髓摘要' (臺灣武陵出版有限公社)

2004년 '팔자술 필살기(데쓰블로)' (장서원)

'부자의 운명으로 갈아타라'(매일경제신문사)

'펑수이 큐어(FengShui Cure)'(찬섬출판사)

2005년 '子平眞詮 리뷰Ⅰ,Ⅱ' (장서원)

'欄江網 마스터리Ⅰ,Ⅱ,Ⅲ' (장서원)

'팔자술 파이널블로' (장서원)

'풍수 인테리어' (디지탈북스)

2006년 '滴天髓摘要 해설' (장서원)

'滴天髓 스펙트럼Ⅰ,Ⅱ' (장서원)

2007년 八字入門[BaZi Primer Series Ⅰ,Ⅱ,Ⅲ.Ⅳ.Ⅴ.Ⅵ] (장서원)

Module 1, 干支八字, The Sexagenary Cycle

Module 2, 五行十星, The Five Elements

Module 3, 生旺死絶, The rise and fall

Module 4, 六神物象, Phases of the BaZi

Module 5, 空亡秘鑰, Touching the Void

Module 6, 刑沖會合, The Kaleidoscope of Life

八字虛字論팔자허자론

초판 1쇄 2008년 3월 20일
2쇄 2018년 10월 25일
지은이 이수
펴낸이 장석홍
펴낸곳 도서출판 장서원
주 소 서울 용산구 남영동 7-1(201호)
전화 703-5362 팩스 797-5362
등록 제 03-01213호
E-mail shjang1011@hanmail.net

정가 30,000원